14歳の世渡り術
WORLDLY WISDOM FOR 14 YEARS OLD

世界ぐるぐる怪異紀行

どうして“わからないもの”はこわいの？

奥野克巳［監修］

奥野克巳　川口幸大　イリナ・グリゴレ
近藤宏　平野智佳子　福井栄二郎
藤原潤子　古川不可知　村津蘭

河出書房新社

はじめに

奥野《おくの》克巳《かつみ》

＊

1970年代のころ、関西のある町に住んでいました。小学校高学年になって、家の二階に一人でベッドに寝《ね》るようになりました。ある真夜中、私は、ついているはずがない階段の電気がついていることにぼんやりと気づきました。階下から誰《だれ》かが二階に上がってくる気配がしたのです。

その瞬間《しゅんかん》です。何か、いや誰かが、いきなり私の仰向《あおむ》けの体の上に乗ったのです。急激な重さを感じました。何が起きたのか、私の理解を超《こ》えていました。驚《おどろ》きのあまり恐《きょう》怖《ふ》におののいた私は、あらん限りの大声をはり上げようとしました。私の耳には、声にならない自分の声がきれぎれに届いて来ただけでした。体の動きが全く利きません。

そのような絶体絶命の時には、お経を唱えるといいと聞いたことがあったので、般若《はんにゃ》心経《しんぎょう》を唱えました。私が発する、声にならない頼《たよ》りない経文の断片が、私の耳に届けられました。すると、その誰かの重みは、さあっと、私の体の上から去ったのです。

それは、ほんのわずかな時間の出来事でした。体が自由になったということにうっとりとしていると、いつの間にか、私は眠《ねむ》りについたようでした。

翌朝起きると、私にはまだ恐怖感が残っていました。階下に降りて、「金縛《かなしば》り」にあったことを母に話しました。誰も夜中に二階には上がっていないし、電気がついていたということもなかったはずだということでした。

それから1～2週経ってからのことです。ある夜、三軒《さんげん》先の隣家《りんか》でボヤ騒《さわ》ぎがありました。

夜に近くを通りかかった近所の男性が、煙《けむり》の臭《にお》いがするのに気づいて、その家の人に知らせて、火を消し止めたのです。消防署や警察の人たちが、夜遅《おそ》くに入《い》れ替《か》わり立ち替わりやって来て、失火の原因を調べていました。

台所や風呂場《ふろば》から失火したのではなく、たばこの不始末でもなく、火の気があるはずのない家の中から燃え出したと言うのです。火が家の外から投げ入れられた可能性はどうやらないとのことでした。通りがかりの男性が気づいたからよかったものの、もう少しで大火事になるところだったと言います。

その不審火《ふしんび》の原因をどうしても知りたいと願ったその家の人たちは、それから暫《しばら》くして、祈禱師《きとうし》を呼んだようでした。小学校から私が帰宅すると、母が教えてくれました。母はぽつりと、先日の私の「金縛り」の原因が分かったとも言いました。あれは、このあたりで死んだ落武者《おちむしゃ》の霊《れい》の仕業《しわざ》だったんだと。

隣家のボヤが落武者によるものだと述べた祈禱師に、母は、三軒向こうの家の者だと名乗った上で、息子が真夜中に経験した怪異《かいい》現象のことを話したようでした。祈禱師は、それもまた、このあたりで死んだ、その地縛霊《じばくれい》の仕業だと言ったのです。

＊＊

時を前後して、身の回りで、私の記憶《きおく》に残るとても印象深い怪異騒動《そうどう》がありました。そのころ、友だちの兄さんや、その友人たちと数人で放課後などに集まって、「探検」と称《しょう》して、1～2キロ離《はな》れた裏山に出かけたことがありました。

ある時、当時中学生だった、友だちの兄の友人は、裏山の大きな池の近くの林の中でシカを目撃《もくげき》した時、そのシカと目が合ったと言います。帰宅するとその夜から彼《かれ》には、トイレの少しだけ開けた窓から、あるいは風呂場の窓から、シカの鳴き声が聞こえるようになったのです。

　でもそのシカの鳴き声は、家族には聞こえなかったようです。それは、彼だけに聞こえたのです。友だちから聞いたところでは、しだいに、日中にもどこでもシカの声が聞こえるようになり、しだいに食が細くなったとのことでした。学校も休むようになったそうです。

　友だちの兄さんが、彼はもう一度裏山に行って、シカに会いたいと言い始めていると教えてくれました。その話を聞いてなんだか怖《こわ》くなって、数人の仲間で、ある夕方、近所に住む、頼りになる兄貴分の大学生に会いに行きました。事情を話して、裏山に行きたいので、いっしょに付いて行ってほしいと切り出しました。大学生は、

　　行ったらあかんで、そいつはシカに呼ばれとんや。


と、語気を強めて言ったのです。

　小中学生だった私たち仲間は、その時、それがどういうことなのかを、大学生に聞き返せませんでした。「シカに呼ばれとんや」という言葉から、本人に何か恐《おそ》ろしいこと

が起きていることが察せられて、言葉が返せなかったのです。その日私たちは、無言でとぼとぼと家路につきました。

それから、シカの声が聞こえていた例の中学生の音沙汰《おとさた》は、暫くなかったように覚えています。その後どれくらい経ったのか覚えていませんが、道で彼にばったりと出くわしたことがありました。その時は、とても元気そうに見えました。

とっさに私は、シカの声はもう聞こえなくなったのかなどと尋《たず》ねてはいけないのだと思いました。なぜそう思ったのかは、はっきりしません。我々はふつうに挨拶《あいさつ》を交わしただけでした。

＊＊＊

自分自身が体験したことや、友人や知人から聞いた話などを含《ふく》め、私にはこの手の話が他にもいくつかあります。そうした怪異体験や怪異現象は、これまた不思議なことに、小学生から中学生のころにほぼ集中しています。

その後私は大学を卒業し、大学院に行って、文化人類学という学問を専攻《せんこう》するようになりました。文化人類学者は、たいていの場合、生まれ育った場所ではない馴染《なじ》みの薄《うす》い場所に長期にわたって住《す》み込《こ》んで現地調査を行います。私自身は、調査研究に出かけたフィールドで、そこに住む人々とともに暮らしながら、怪異現象を聞いて書き留めたり、実際に怪異を経験したりしました。それらは、私にとっては、小中学校以来だいたい15～20年ぶりのことでした。

本書を書いているのは、9人の文化人類学者です。この本では、文化人類学者たちがそれぞれの調査研究地で体験したり、見聞したりした怪異を紹介《しょうかい》していきます。

アフリカから出発して、南アジア、ロシア、中南米、太平洋、オーストラリア、東南アジア島しょ部、中国、日本の順に辿《たど》ってまわります。みなさんには、世界にはいったいどんな怪異があるのか、それにはどんな背景や意味があるのかを、本の中で探ってもらえればと思っています。

＊＊＊

ところで、本書にはあちこちに聞きなれない言葉があると感じられるかもしれません。それらは、文化人類学でよく使われる用語です。どういう意味合いで使われているのかということを含め、そのうちの幾《いく》つかをここでは説明しておきましょう。

「儀礼《ぎれい》」というのは、「文化の中で形式化された行動」のことです。ある文化において、決まりきったやり方で行われる行動のことを、「儀礼」と呼びます。本書では概《おおむ》ね、宗教行事として行われる儀式を含めて、「儀礼」という呼び方をしています。

「呪術《じゅじゅつ》」とは、人間を超えた力に働きかけ、望ましい結果を手に入れようとする作法のことです。英語で言えば、マジックです。「魔法《まほう》」とか「魔術《まじゅつ》」とも呼ばれることもありますが、文化人類学では「呪術」と表現することが一般的《いっぱんてき》です。

ある人が眼の病気になったとします。私たちなら、バイ菌《きん》が眼に入って炎症《えんしょう》を起こしたなどと考えるでしょう。しかし「呪術」が存在するところでは、例えば「呪術師」がわら人形の眼に五寸釘《ごすんくぎ》を打ちつけて、呪文を唱えたことが、眼の病気の原因になったと考えられるのです。

みなさんは、こうした「呪術」を、非合理で非科学的な迷信だと思うかもしれません。でも文化人類学はそうは考えません。彼らは、「呪術」をリアルなものとして生きているのです。「呪術」によって、その原因となる行動とその結果を合理的に結びつけるのです。

「呪術」は、それをしかける人に「意図」があるかどうかで、二種類に分類されることがあります。ある人が意図を持って誰かに「呪術」をかけたとします。そのような「呪術」は「邪術《じゃじゅつ》」と呼ばれ、意図的に道具や技術を使って人を呪う人物は「邪術師」と呼ばれることがあります。それに対して「意図」せずにしかけられる「呪術」を「妖術《ようじゅつ》」と呼ぶことがあります。それは、本人の知らないうちに、誰か別の人に危害を加えてしまう「呪術」です。

　このような一般的な説明は、それぞれの怪異に必ずしもピッタリと当てはまらない場合がありますが、本書を読み進む上での参考にしてください。それでは、世界の怪異、怪異の世界の旅に出かけてみることにしましょう。

世界ぐるぐる怪異紀行

——どうして〝わからないもの〟はこわいの？　もくじ

4
パナマ東部
（中南米）
（P70）
5
ヴァヌアツ
（アネイチュム島）
（P87）
世界ぐるぐる怪異紀行路

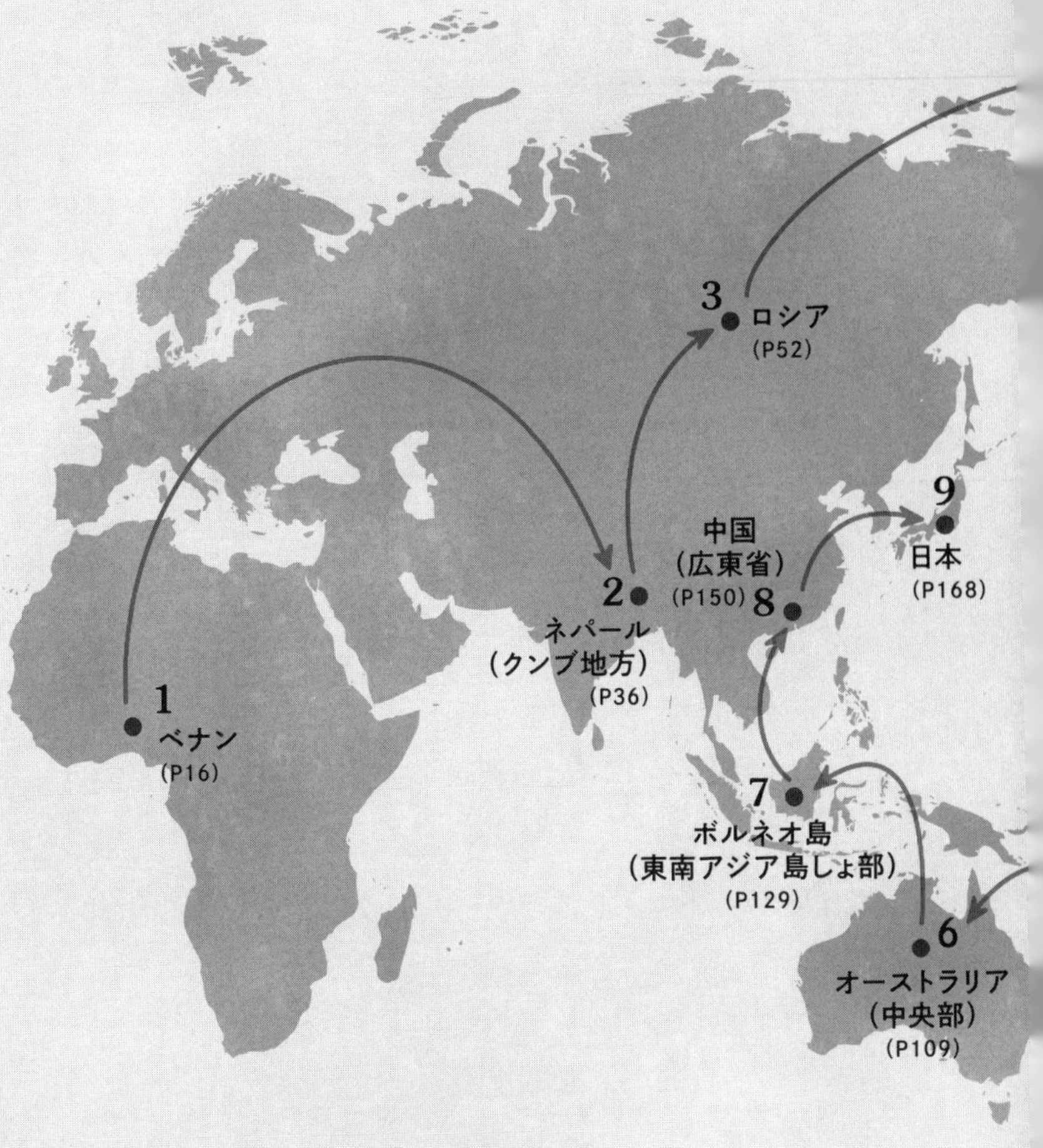
1
ベナン
(P16)
2
ネパール
(クンブ地方)
(P36)
3
ロシア
(P52)
6
オーストラリア
(中央部)
(P109)
7
ボルネオ島
(東南アジア島しょ部)
(P129)
中国
(広東省)
(P150)
8
9
日本
(P168)

1　ベナンの妖術師《ようじゅつし》

村津蘭
（東京外国語大学アジア・アフリカ言語文化研究所助教）

木の中で集会する妖術師たち

妖術師、という存在について初めて聞いたのは、私が西アフリカのベナン共和国の福《ふく》祉《し》センターで働いていた時の同僚《どうりょう》からだったように思います。センターの横には憲兵隊の建物があったのですが、その敷地《しきち》内にイロコと呼ばれる立派な木が生えていました。大木でとにかく背が高く、空へと広がる枝をしっかりした幹が支えるその佇《たたず》まいが、熱《ねっ》帯《たい》植物の生命の強さや豊かさを感じさせるものでした。私は毎朝、汗《あせ》をかきながら自転車をこぎ職場に通っていましたが、イロコの木が大きな影《かげ》を作りながらざわめくように葉々《はば》を揺《ゆ》らしているのを見ると、それだけで爽《さわ》やかな気分になったものでした。

ベナンの町アラダ

「あの木、とてもいいよね」

何の雑談の折だったか、私は同僚のラウールに言いました。ラウールは同年代で、私が町に来たのと同じ時期にセンターに配属されたというのもあって、センターの中で一番気やすい話し相手でした。

ラウールは少し笑いました。

「知ってる？　あの木のうろでは夜、妖術師が集会を行っているんだ」

私たちはベナンの公用語であるフランス語で話していたので、彼《かれ》が妖術師として使った単語はソーシエ（sorcier）でした。私は当時、フランス語はそこまで得意でなく、その言葉を知りませんでした。辞書で調べたところ、「魔《ま》法使《ほうつか》い、魔《ま》女《じょ》」などと出てきます。英語で言うとウィッチ（witch）にあたる言葉みたいです。ベナンではソーシエは女性だけではなく男性でもあり得《う》るので、ここでは文化人類学でよく使われる「妖術師」としておきますが、とにかく、妖術師というのは木のうろ、つまり木の中に入って集会をする存在のようです。

「どうやって木の中で集会などできるの」

私が聞くと、

「鳥に変身して木のところまで行って、するっと入《はい》り込《こ》んでしまうんだ」

とラウールは答えました。妖術師は、昼は人の中に交じって生活しているけれど、夜になると動物に変身して移動し、木の中に集まって集会をするのだそうです。

「集まって何をするの？」

「次は誰《だれ》の子どもを食べるのかを話し合うんだ」

ラウールはいつも冗談《じょうだん》ばかり言っている人だったので、私は最初からかわれているのかと思いました。けれど、彼はめずらしく真剣《しんけん》な表情をしていました。

「嘘《うそ》でしょ」

「ほんとだよ」

それでも、信じきれなかったので後から周囲の人に聞くと、やはり同じ妖術師のイメージが語られました。

「梟《ふくろう》を知っている？　夜に梟が飛ぶのは、集会に向かっているところなんだ」

「イロコの木を切った時、中から皿などの食器が出てきたこともある。妖術師たちが人間を食べていたんだ」

そんなことが口々に語られたのです。

住んでいたのは奥深《おくぶか》い村では全くありません。後には県庁所在地にもなった、大きな町です。私の周りはみんな携帯《けいたい》電話を持っていて、公用語のフランス語で大学まで教育を受けた人が多くいました。それでも誰も、妖術師の存在を否定する人はいませんでした。

妖術師は親族にひそむ

生活しているだけでは気づけなかった目に見えない存在は、私の興味をかきたてました。妖術師がどんな存在なのか色々な人に聞いてみたところ、みんな見たこともないはずなのに、とても具体的に妖術師について語りました。

「妖術師は木の中で人を食べるが、食べるのは人そのものではなく、人の霊《れい》を動物に入れたものだ。そうやって食べると、標的になった人間は事故や病気などの不幸に見舞《みま》われるんだ」

「特に、出世した人や成功した人などが狙《ねら》われやすいんだ。たとえば、自分の子どもの中で一番出世した子どもなんかが標的になりやすい」

　そんなことが次々と話されます。

妖術師はどうしてそんなことをするの、と私が聞くと、

「嫉妬《しっと》だよ」

と大抵《たいてい》の人は答えました。

　自分が持っている以上のものを他者が持っている時に感じる、どうしようもなく悔《くや》しく許せなくなる気持ち、それがその人を害してやろう、食ってやろうとする動機のようです。

「妖術師には親も子も関係ない。誰でも殺すんだ」

　人びとは言います。まるで嫉妬に狂《くる》った化け物です。そんな存在が親族に一人は交じっているのだそうです。

ただし、実際に自分が妖術師だと名乗り出る人はほとんどいません。死《し》に際《ぎわ》に自分は妖術師だったと白状したり、妖術師の嫌疑《けんぎ》をかけられて白状させられたりすることは時々あるとは聞きましたが、それほど多くないようです。

だから、妖術に関する語りはまず、疑いや推察という形で現れます。つまり「自分が病気や事故にあったのは、親族のあの人が実は妖術師で、妖術をかけたせいなのではないか」といった形で口にのぼるのです。あるいは、病気の原因を聞きに占《うらな》いなどに行った時に「その病気は妖術師から送られたものだ」と言われて、妖術師の仕業《しわざ》とわかるのです。

しかしそれでも、親族に妖術師のような恐《おそ》ろしい存在が紛《まぎ》れ込《こ》んでいると考えるのは、とても怖《こわ》いことのように思えます。お正月の親族での集まりに、妖術師が紛れていると想像するのはぞっとしませんか。

そんな人がいるのだとしたら、親族と会わないようにするんじゃないかな、と思われるかもしれませんが、実は親族の絆《きずな》は、日本と比べるとベナンの方がずっと強いのです。子どもの面倒《めんどう》を見あったり、仕事上で助け合ったり、人生で起こる様々なことを相談したりと、まるで日本の親や兄弟だけのような小さな家族のように、伯《お》（叔《お》）父《じ》や伯《お》（叔《お》）

ベナンで一緒に住んでいる家族が描いた妖術師のイメージ　描いた人：シャンタル・ガンダホ

母《ば》、いとこやはとこ達《たち》だけではなく、もっと遠い血縁《けつえん》まで含《ふく》んだ大きな家族が助け合って生きています。ベナンでは血縁関係がなくとも、「兄さん・姉さん」などと呼びかけることが多く、知り合い同士の助け合いが活発なのですが、親族ともなるとそれがずっと強くなります。病気になった時、お金に困った時、事故にあった時、頼《たよ》りになるのは何より親族です。出稼《でかせ》ぎで海外に行って、右も左もわからなくても、親族がいれば大丈夫《だいじょうぶ》。会ったことのない親族でも、何とか助けてくれます。日常的にもお互《たが》いを気にかけ、連絡《れんらく》をとりあっているので、誰にも面倒を見てもらえずひっそりと死んでしまう日本のような「孤独死《こどくし》」なんてことはほとんど考えられない社会です。それは生きていく上でとても心強いことだといえるでしょう。

そうした助け合いと深い絆というポジティブな親族関係があるからこそ、親族に潜《ひそ》む妖術師、というイメージがあるようです。多くの場合、嫉妬というのは近い関係の間に生まれるものですから。この事故や病気が妖術師によって引き起こされたのではないかと疑う時、たとえば芸能人だとか、知らない間にすれ違《ちが》った他人だとか、自分から遠い存在が仕掛《しか》けたとは思いませんよね。大体、いつも身近にいる人を疑うものです。妖術師という存在は怖いとは思いますが、親族の子どもであれば自分の子どものように育ててしまうような、寛容《かんよう》で思いやり深い関係は、大人になっていとこにすら何年も会っていない日本の私には、羨《うらや》ましく感じてしまいます。

不道徳的な妖術師

妖術師は怖くて醜《みにく》いイメージをぎゅっと凝縮《ぎょうしゅく》したようなところがあります。妖術師が存在している、という言説はベナンだけではなく、アフリカの様々なところにありますが、ベナンと同じように多くの場合、ネガティブな存在とされています。たとえば、妖術師は夜中に変身して他人の目を取り去る、とか、真夜中に全裸《ぜんら》で呪物《じゅぶつ》を作るとか、そうしたことが語られます。

劇映画の中に現れる妖術師のイメージ／
DVD『OHE CHE!』(Ogo Azondje Production)より抜粋

ではどんな人が妖術師と疑われるのでしょうか。ベナンでは老若男女だれもが妖術師となり得るとされています。年を取った女性がより疑われやすいですが、小さな子どもも妖術師と疑われることがあります。普《ふ》通《つう》の人が行わないような怪《あや》しげなふるまいをする人は、特に疑われる傾向《けいこう》があるようです。たとえば、あちこちで陰口《かげぐち》を語って不和を引き起こしたり、夜中みんなが寝《ね》静《しず》まった時間に起きていたり、子どもなのにものすごく頑固《がんこ》で人の言うことを聞かなかったりすると、妖術師ではないかと考えられたりします。

妖術師と告発されたらどうなるのか、ということは社会によって様々です。裁判にかけられたり、金銭的な賠償《ばいしょう》を求められたりする社会もありますが、ちょっとした儀礼《ぎれい》を催《もよお》して謝罪したらよいという社会もあります。ベナンでは、妖術を法律上で裁くことは可能ですが、多くの場合はそこまで大事《おおごと》にはなりません。たとえばこの事故や病気が妖術師であるアイツによって引き起こされたんじゃないか、と疑っても、その本人には何もしない場合がほとんどです。真夜中の交差点に妖術師のための供物などを捧《ささ》げるなど、何らかの儀礼で終わらせることが多いようです。でもやっぱり、何度も何度も妖術師のせいで不運な出来事に見舞われていると感じる場合は、疑っている人のところに行って、暴力的なことをしたりすることもあるようです。妖術師だと疑われることは不名誉《ふめいよ》ですし、そうした暴力にさらされる可能性があるのであれば、やはり、妖術師だとは疑われないように、普段《ふだん》の言動や行動を心掛《こころが》けた方がよさそうだということになります。

　そうやって、みんなが気を付けているのだとすると、妖術師は実は人々を道徳的に導いていることになります。だから実は妖術師は、社会の道徳の裏返しのイメージとして存在することで、人々を道徳的に行動させる指標になっているのだと論じる研究者もいます。

　とっても醜くてネガティブな存在が、その醜さのためにみんなをお行儀《ぎょうぎ》よくふるまわせているというのは、興味深いことですね。

妖術は平等な社会を作る？

こんな話を友達がしてくれたことがあります。友達の出身のT村の話です。T村は国の真ん中ぐらいに位置する、少し乾《かわ》いた気温の高い場所です。ベナンは南の港近くに経済首都があり、その近くに大学街があるので、高い水準の教育を目指したり、大きなビジネスをしたりする人は、村を離《はな》れて都会に出ていく傾向があります。これはある男性がそうした流れで都会に行き、ビジネスで成功した後に、村に立ち寄った時の話です。

男性は四駆《よんく》の自動車で村に乗りつけます。大きい車はお金持ちの象徴《しょうちょう》ですので、村の人たちの注目を集めたでしょう。その後、男性が村を歩いていると、親族の一人であるお婆《ばあ》さんと出会いました。男性は挨拶《あいさつ》をしました。お婆さんがお金に困っていて、男性に頼る様子だったので、男性はポケットから札束を出し、その内の一枚をお婆さんに与《あた》えました。そして、その男性は村から帰るために車を運転している途中《とちゅう》に、交通事故にあって死んでしまったのです。

「つまり、お婆さんは妖術師だったんだ」

友達は言いました。

「あれ？　男性はお婆さんにお金を恵《めぐ》んだんだよね」

私は、なぜお婆さんが男性を殺してしまったのか意味がわかりませんでした。ベナンには日本と同じように、お札と小銭があり、当然お札の方が高額です。小銭ではなくてお札をあげたというのだから、お婆さんは感謝こそしても、お金を恵んだ男性を恨《うら》む理由などなさそうです。私が変な顔をしていると、友達は、

「だってこんな分厚い札束を出して、一枚しかあげなかったんだよ」

と答えました。つまり、大きな車で村に乗りつける、いかにもお金を持った男性が、札を束で持っていることを見せつけながらも一枚しかあげない、それが問題だったようです。

なるほどと、私は言いながらも、なんだか男性が気の毒《どく》な気がしました。

みなさんの中にも、お婆さんはそれでもお金をもらっているじゃないか。ちょっとしかもらえなかったからといって恨むなんて、逆恨みもいいところだと思われる方がいるかもしれません。

けれど、私たちはぱっと自分たちの価値観で判断するだけではなく、別の見方もして

みなければいけません。たとえばこう考えてみましょう。お婆さんは毎日一生懸命《いっしょうけんめい》働いても貧しい暮らしをしています。一方で、たまたま教育の機会に恵まれた男性が都会に行って、お婆さんの１００倍も２００倍も稼いで良い生活をしているとします。二人とも一生懸命働いているかもしれませんが、その結果は全然違う。それは一体平等なことでしょうか。たくさん持っている人が、ほんのちょこっと「恵んであげる」のではなく、たくさん分け与えることがこの場合公平ではないでしょうか。

　しかし、多くのお金を持っている人は、往々にしてできるだけ人に分け与えたくないと思うものです。だからこそ、日本ではお金を多く稼いでいる人は少なく稼いでいる人よりもたくさん税金を支払《しはら》わなければいけないというルールがあるのです。一方、ベナンでは、そういった税金のシステムがそこまで整備されていません。そうすると、たまたまお金を持っている人は、機会が無くて貧乏《びんぼう》な人に全然分け与えなくなってしまいます。だって、成功した人は、それが「たまたま機会に恵まれた」と考えるより、「自分が努力した結果だ」と思いたいものですから。すると、都会の人が大きな車に乗って座ったまま仕事をしてたくさんのお金を稼ぐ一方で、農村で汗水を垂らして畑を耕して、都会の人の分も含めてみんなが食べるものを作る人がとても貧しい暮らしをすることになってしまいます。

だから分け与えない人を妖術で殺すのは仕方ない、というわけではありません。重要なのは、そういう可能性が、人々の行動を変えることなのです。

私の友人は、お婆さんが妖術師で、彼女《かのじょ》が交通事故を起こして男性を殺したのだと断定的に語りましたが、お婆さん自身が「私がこうしました」と語ったわけではありません。実際起こっていたのは、このお婆さんが妖術師なんじゃないかという村の噂《うわさ》と、お婆さんがたくさんある札束の内、一枚しかもらえなかったということ、そしてその後に男性が交通事故にあったということです。だから、誰にもお婆さんが妖術を使ったことを実際に証明することはできません。しかし、これらのことが結びつけられて「お金持ちが、村にいる親族にお金を恵むのをケチケチした結果、不幸に見舞われた」という物語として、皆《みな》が語るようになったのです。

そうすると何が起こるでしょう。お金持ちは「親族や村の人々にちゃんと富を分け与えないと、妖術で不幸が訪れるかもしれない」と思うようになり、稼いだお金を独《ひと》り占《じ》めしようとはしなくなりますね。つまり、「妖術」というものがあるために、都会の人は農村の人に、あるいはお金持ちが貧乏人にお金を分け与えたりするようになるのです。

納得の妖術

妖術が疑われるのは、大体悪いことが起こった時です。病気や事故だけではなく、頑《がん》張《ば》っているのに試験に落ちた時、何十社にも書類を出したのに就職が決まらない時、恋《こい》人《びと》からフラれ続ける時、商売でいつもより上手《うま》くいかない時など、日常の様々な局面で妖術が疑われます。

そんなの合理的じゃない、とみなさんは思うかもしれません。病気は病原菌《びょうげんきん》のせいだし、試験に落ちるのは自分の努力不足だろうし、就職は適性がなかったのか、たまたま運が悪かっただけだろう、と。しかし、ベナンの人々だって、病気が病原菌に起因するものだったり、適性がなかったりすることぐらい、わかっているのです。けれども、周囲で適性がない人が就職していっている中、自分だけ就職が見つからなければどうでしょう。人々が求めているのは、「一般的《いっぱんてき》にそういうものだ」という法則ではなく、具体的な「私の」状況《じょうきょう》を説明してくれるものなのです。

ベナンの人々も、病気はなんでも妖術のせいだと言っているわけではありません。病院に行って検査を受けても原因が見つからない。あるいは、治療《ちりょう》して一旦《いったん》治まってもすぐに違う症状《しょうじょう》が出始める。こんな時にベナンの人は妖術師の仕業ではないかと疑い始めます。

みなさんにとって「妖術」という説明は突飛《とっぴ》に聞こえるかもしれません。しかしでは、みなさんは本当に「病原菌」を見たことがあるでしょうか。それが一般的に「ある」と言われ、「病気の原因」だと教えられたから、そう思うのが当たり前だと思っているだけではないでしょうか。自分で見て確かめてもいないのに、その存在を確信しているという意味では、「病原菌」も「妖術」も似たようなものといえるでしょう。だから、「妖術」という説明ロジックを持っている文化が遅《おく》れていて非合理的だとかいうわけでは、全然ないのです。

エヴァンズ＝プリチャードという有名な人類学者が、その昔アフリカ大陸に住むアザンデ人の妖術について研究した時、一つの事例をあげています。ある男が穀物倉庫の下で涼《すず》んでいたところ、倉庫が壊《こわ》れてしまい男が怪我《けが》してしまったという話です。男が怪我したのは妖術のせいだとされました。こうして聞くとみなさんはどうも彼らは物理の法則をよく理解していないのではないかと思うかもしれません。確かに、男が怪我したのは壊れた倉庫のせいで、妖術なんて何の関係もないようにもみえます。しかし、エヴアンズ＝プリチャードは、こう言います。彼らは穀物倉庫が白アリに喰《く》われて時々倒《たお》れることがあることや、怪我した直接の原因が壊れた倉庫にあることとくらいよく知っている。しかし、その説明では、なぜその男が倉庫の下で涼んでいるその時に崩壊《ほうかい》し、怪我したのかが説明できないのだと。

「そんなの偶然《ぐうぜん》でしょう」

みなさんは言うかもしれません。けれど、「偶然」って何かを説明した言葉でしょうか。なぜそれがその時起こったのか、上手く説明できないから「偶然」という言葉で、理解したつもりになるのではないでしょうか。その「偶然」が妖術によるものであることは、恐らく証明できないでしょう。けれどそれと同じくらい、その「偶然」に何らかの力が働いていないことも、証明できないのです。

日常生活は様々な「偶然」に満ちています。妖術とは、なぜそれが自分に起こっているのかよくわからないことも多い日常生活を、上手く説明し、納得させてくれるものだといえるでしょう。

妖術は背負いこませない

村でいつも酔《よ》っぱらっている人が「妖術をかけられたんだ」と言われることがあります。あるいは頑張ったのに試験に受からなかった生徒も、「妖術をかけられていたんだ」と見なされることがあります。こうした場合、日本ならどう言われるでしょうか。酔っぱらってばかりいる人は「意志が弱いからだ」、試験に受からない生徒は「努力不足だ」と言われるのではないでしょうか。全部その人自身のせいになります。

そういう理解は、今後頑張らなきゃと思うきっかけにはなるでしょう。でも頑張ったって試験に受からないことはあるし、大人になればお酒を飲まないでおこうとしても、飲んでしまうこともあるのです。そうした時に、自分が悪いんだと自分ばかり責めているのはとてもしんどいことですね。

そう考えると、色んな「偶然」や「コントロールできないもの」を妖術師の仕業だとする説明は、そんなに悪いものではないように感じませんか。むしろ、色んな出来事を妖術で説明できる方が、自分ばっかり責めているよりも、辛《つら》くない社会なのかもしれません。

日本だって不運が続けば、神社に厄払《やくばら》いに行く人はいますね。その延長線上にあるのが妖術であり、それを祓《はら》う儀礼です。そう考えると、実は日本とアフリカの考え方は、そう遠くありません。儀礼をたくさんしなければいけないのは、傍目《はため》に見ていても大変そうなので、妖術があることが前提の社会が必ずしも生きやすいとは思いません。けれど、自分の生活を考える時に、目に見えないものの仕業を少し考えてみるのも、全てを自分の責任と背負いこまない一つの方法かもしれません。アフリカって「未開」とか「貧しい」とかいうイメージがあるかもしれませんが、アフリカには様々な豊かな文化があって、アフリカから学ぶこと、実は色々あるのです。

参考文献

・エヴァンズ＝プリチャード・E．E．『アザンデ人の世界――妖術・託宣・呪術』向井元子訳 みすず書房（２００１）
・溝口大助「〔研究動向〕近代における妖術研究の展開――アフリカにおける市場経済化と妖術現象を中心に」『社会人類学年報』30：１８７－２０２（２００４）
・村津蘭『ギニア湾の悪魔――キリスト教系新宗教をめぐる情動と憑依の民族誌』世界思想社（２０２３）

column

アフリカの宗教といえば、もともとその土地にある仮面の神さまなどのイメージが強いと思いますが、じつは多くの人がムスリムやキリスト教徒です。アフリカのイスラームは、貿易を通じてアラビア世界から入ってきたもので、キリスト教の多くはヨーロッパによる植民地化を通して広がりました。私が調査しているベナンの南部では、キリスト教とその土地の宗教が盛《さか》んですが、妖術師はキリスト教会の中でも大きな存在です。妖術師はキリスト教の「悪魔《あくま》」だとされているのです。妖術師が悪魔だなんて、変なことだと思うかもしれませんが、キリスト教はそもそも色々な土地の宗教の神さまや霊的な存在を「悪魔」とみなしながら、発達してきた歴史があります。たとえば、悪魔のことを英語でデーモンと言いますが、これはもともとギリシャ神話の神さまダイモーンから来ています。こんな風にして、妖術師は「悪魔」になり、ベナンのキリスト教徒はもともと土地にあった儀式ではなく、キリスト教式のお祈《いの》りや悪魔祓いを通して妖術師に対抗《たいこう》しています。妖術師から身を守るためにも、色々な方法があるのです。

村津蘭（むらつ・らん）

京都大学大学院アジア・アフリカ地域研究研究科博士課程修了。文化人類学、マルチモーダル・映像人類学、アフリカ地域研究。著書に『ギニア湾の悪魔——キリスト教系新宗教をめぐる情動と憑依の民族誌』（世界思想社、２０２３）、論文に「悪魔が耳を傾ける——ベナン南部のペンテコステ・カリスマ系教会の憑依における想像と情動」（『文化人類学』86巻4号、２０２２年日本文化人類学会奨励賞受賞）など。主な民族誌的な映像作品として「トホス」（２０１８年・東京ドキュメンタリー映画祭短編部門奨励賞受賞）などがある。

2 ヒマラヤの雪男イエティ

古川不可知（九州大学大学院比較社会文化研究院／共創学部・講師）

山と怪異《かいい》

山というのは考えてみれば不思議な場所です。平らな街からずっと続いている地面はいつの間にか緩《ゆる》やかに傾《かたむ》いてゆき、気がつくと私は険しい山の中に迷《まよ》い込《こ》んでいるのです。しかも山は、そこにいるときは登ったり下ったりの繰《く》り返《かえ》しとしてだけ経験されるので、外から見ていたこんもりとした盛り上がりは近づくほどにどこかへ消えてしまいます。木《こ》陰《かげ》や谷の向こうでは、見えないものがいろいろな音を立てています。山では晴《は》れ渡《わた》ったかと思うとにわかにかき曇《くも》って雨や雪が降り、なにかの意志を感じるように思うこともしばしばです。

不思議なところには不思議なものが住んでいるのは世の常です。日本でも山にはさまざまな存在がいて、怪異の話も数多く伝わってきました。ですがここでお話ししようと思うのは、日本ではなくヒマラヤのことです。チベットと南アジアを隔《へだ》てて東西２４００キロメートルにわたる広大なヒマラヤ山脈にも、たくさんの不思議な存在がいます。なかでもイエティはヒマラヤの雪男として世界的によく知られているので、みなさんもどこかで名前くらいは聞いたことがあるのではないでしょうか。

ヒマラヤとシェルパの人々

私はこれまでネパール東部に位置するソルクンブ郡の北部、クンブ地方というところで、10年以上にわたって文化人類学の調査をおこなってきました。クンブ地方はヒマラヤ山脈の南斜面《しゃめん》に位置しており、その北側には世界で一番高い山であるエベレストがそびえています。この地域に住んでいるのは、シェルパと呼ばれる人々です。日本人とよく似た顔立ちや体つきの人たちで、いまから５００年ほど前にチベットからヒマラヤを越《こ》えてネパール側に移住してきました。シェルパという言葉は日本ではヒマラヤ登山のガイドとして知られていますが、本来はいわゆる民族の名前なのです。

　エベレストの麓《ふもと》であるクンブ地方はトレッキングや登山の観光地としても有名です。標高３０００メートルからエベレストの頂上８８４８メートルに至る険しい山岳《さんがく》地帯でありながら、ヒマラヤの壮大《そうだい》な山並みを眺《なが》めて歩いたり高い山に登ったりするために、世界各地からたくさんの観光客がやってきます。またクンブ地方はサガルマータ国立公園という名前でユネスコ世界遺産にも登録されています。なおサガルマータというのはエベレストのネパール語での呼び方で、チベット語やシェルパ語ではチョモランマと言います。

　現在ではクンブ地方に住むシェルパの人々の多くは、登山ガイドやトレッキングガイドとして働いたり、観光客向けのロッジを経営したりしています。私が住んでいた標高およそ３８００メートルのところにあるポルツェという村では、およそ４５０人の人口のうち60人以上もの男性たちがエベレストの頂上まで登った経験を持っていました。

　この地域にはイエティと呼ばれる謎《なぞ》の生き物がいて、一般的《いっぱんてき》にはヒマラヤの雪男として知られています。雪男という言葉からは白くて大きな毛むくじゃらの姿を想像されることが多いのですが、実はイエティの毛は茶色で、背の丈《たけ》は人間とそれほど変わりません。ヒマラヤの山奥《やまおく》に住むこの不思議な存在イエティは、どのようにして有名になったのでしょうか。

イエティとヒマラヤ探検

西洋《せいよう》世界でヒマラヤの雪男の話が知られるようになったのは、１８８９年にL. A. ウォデルという人物がシッキム（かつてネパールの東隣《ひがしどなり》に存在した国で、現在はインドの一部となっている）を探検したとき、謎の足跡《あしあと》を発見したことにはじまります。１９２１年にはイギリスのエベレスト偵察隊《ていさつたい》が人間に似た足跡を発見し、それを「忌《い》まわしき雪男」として報告しました。その後も１９３７年にイギリスの探検家フランク・スマイスが現在のインド・ウッタラカンド州の谷で足跡を発見して本国の動物学協会に写真を送るなど、ヒマラヤ探検が進むにつれて雪男についての報告は相次ぎます。そして１９５１年にイギリスの登山家エリック・シプトンがエベレスト探検の際に発見した足跡の鮮明《せんめい》な写真を公開すると、イエティは世界的なセンセーションを引き起こすことになりました。

　謎の生物イエティについてはこれまでにさまざまな調査がおこなわれ、幾度《いくど》も探検隊が派遣《はけん》されています。その正体についてはサルだともクマだとも言われてきました。ただし、イエティの「科学的な正体」を突《つ》き止《と》めることはこの章の目的ではないので、興味がある人は別の本で調べてみてください。*

さて、実はイエティというのはシェルパの人々の呼び方です。ヒマラヤの各地では、山奥に住むこうした不思議な存在は場所ごとにさまざまな名前で呼ばれていました。なぜ欧《おう》米《べい》や日本ではイエティというシェルパの言葉で知られるようになったのかというと、それにはシェルパと探検の歴史が関わっています。

16世紀に現在のクンブ地方に定着したシェルパの人々は、ソバやジャガイモの栽《さい》培《ばい》、ヤクというウシの仲間の動物の飼育、およびチベットとの交易によって生計を立ててきました。19世紀の終わりごろになると、シェルパの人々は当時イギリスの統治下にあったインド・西ベンガル州のダージリンという町に出《で》稼《かせ》ぎに行くようになります。ここでシェルパの人々は、先に述べたようなイギリスをはじめとする西洋の探検隊にポーターとして雇《やと》われ、ヒマラヤ探検に出かけることになります。そして探検隊が発見した足跡の主《ぬし》は、シェルパの人々の言葉でイエティとして知られるようになったわけです。

20世紀の半ばになると、それまで鎖《さ》国《こく》政策を取っていたネパールは開国して外国人を受け入れるようになり、シェルパの人々の故郷クンブ地方も観光地となってゆきました。

＊例えば根深誠『イエティ――ヒマラヤ最後の謎“雪男”の真実』（山と溪谷社、2012）や、ダニエル・C・テイラー『イエティ――雪男伝説を歩き明かす』（青土社、2019）など。

イエティはいまでは観光の呼び物ともなり、イエティを模したお土産《みやげ》が売られていたり、イエティの名前を冠《かん》したロッジなどもたくさんできていたりします。

シェルパとイエティ

それでは、シェルパの人々にとってイエティとはどのような存在なのでしょうか。イエティは全身が茶色い毛皮に覆《おお》われており、特徴的《とくちょうてき》な尖《とが》った頭を持っています。原則として直立二足歩行で山の中を移動し、背丈《せたけ》は人間より低いとも高いとも言われています。雄《おす》と雌《めす》がいて普段《ふだん》は山の奥で暮らしているのですが、ときどき山を下りてきたときに人間と出会うのです。

村の人たちによると、イエティには二種類いる、もしくはイエティ自体を含《ふく》めて三種類に分類できると言います。そのうちミティと呼ばれる種類のものは人を食べ、チュティは人には危害を加えないが動物を食べる、イエティは悪さだけをするなどと言われています。ただしこうした区分はあいまいで、説明する人によって特徴が入《い》れ替《か》わっていたりもします。ここではまとめてイエティと呼ぶことにします。

山の中でイエティと遭遇《そうぐう》した話は、老人や亡《な》くなった人物から聞いたとされるいくつかのパターン化した語りをよく耳にします。もっとも定番なのは、現在もクムジュン村に住む老女が若いころに出会ったというイエティの話です。彼女《かのじょ》がマッチェルモ（地名）の放牧場でヤクの世話をしているとき、突然《とつぜん》イエティが現れたといいます。イエティは彼女を川に放り込むと、ヤクの角《つの》を摑《つか》んで体を真っ二つに裂《さ》き、そのままヤクの死《し》骸《がい》を引きずって山の奥へと消えていったそうです。彼女は川の中で死んだふりをして、震《ふる》えながらその様子を見ていたということです。

イエティは手足が逆向きについていて、つま先の方向にかかとがあるという話もあります。なので人間を追いかけるときは四《よ》つん這《ば》いになって、股《また》のあいだを通して相手を見ながら後ろ向きに走ってくるというのです。またちょっと品のない話になりますが、雌のイエティは乳房《ちぶさ》が大きく垂れ下がっているので下りでは道が見えず足が遅《おそ》いものの、登りのときは乳房を肩《かた》に担《かつ》いで走るので速いとされ、だから雌のイエティに遭遇したときは斜面を下へ逃《に》げろと助言されたりもしました。逆に雄のイエティと出会った場合は斜面を登る方向で逃げるべきだと言われ、それは股間《こかん》からぶら下がっているものが邪魔《じゃま》になるので登りは遅いが、下りは肩に担ぐので速いからだそうです。よく考えるといろいろ矛盾《むじゅん》しているようにも思えるのですが、そうした多様性を備えているところもまたイエティの特徴なのでしょう。

村のある女性は、夕暮れ時に山道ですれ違《ちが》った人の頭がなんだか尖っているなと思って振《ふ》り向《む》くとそれはイエティで、そのまま山の上に去っていったという目撃談《もくげきだん》を聞かせてくれました。またイエティは基本的に人間の言葉を理解せず「ヒューー」という甲高《かんだか》い声を出し、昔は山の中でときどきそうした声を聞いたとも言います。静かな山村の薄《うす》暗《ぐら》い土間で声真似《まね》を交えながら語られるイエティの話は、半信半疑の私でも背筋が寒くなったものです。

イエティの頭

実はこの地域にはイエティの頭が安置されたお寺がいくつかあり、2か所では観光客も日本円で数百円を支払《しはら》うことで拝観できます。クムジュン村の寺院《じいん》にはイエティの頭が、パンボチェ村の寺院にはイエティの頭に加えて手も置かれています。頭はいずれも尖った形で茶色い毛が生えていて、額から上の部分だとされています。

先ほどイエティは人語を解さないと言いましたが、高徳のお坊《ぼう》さんだけはイエティと意思の疎通《そつう》ができるともされています。パンボチェ村の寺院の人のお話では、そのイエ

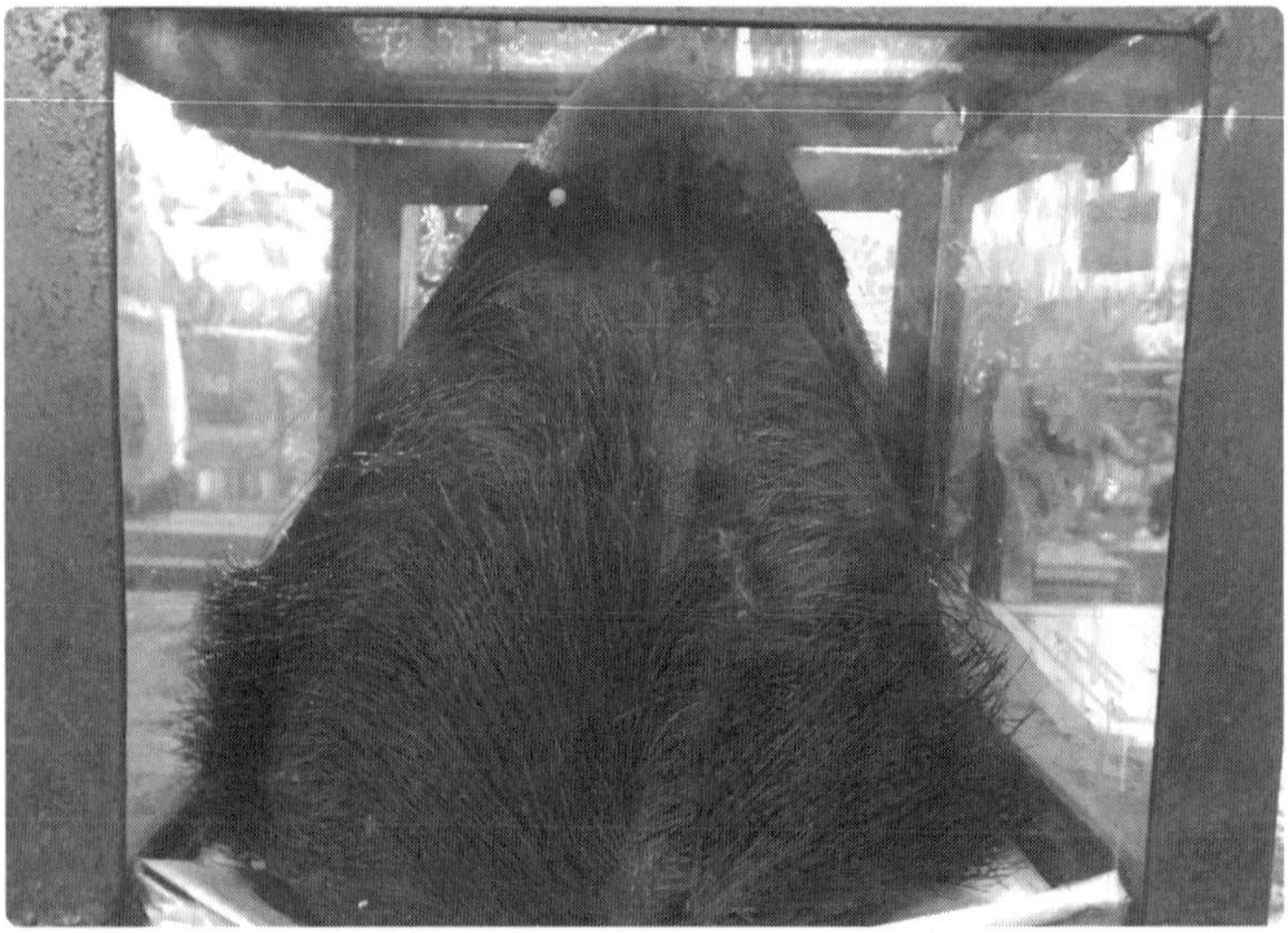

クムジュン寺院のイエティの頭

ティはもともとラマ・サンガ・ドルジという偉《えら》いお坊さんの従者として身の回りの世話をしていたが、あるとき雪崩《なだれ》に遭《あ》って亡くなってしまった。不憫《ふびん》に思ったお坊さんが頭だけを切り取ってお寺に納めたのだということです。

残念ながら私自身はイエティに遭遇したことはないのですが、「正体不明の足跡」を見かけたことは何度もあります。山の中では険しい斜面でも移動できそうな場所にはたいてい誰《だれ》かあるいは何かの踏《ふ》んだ痕跡《こんせき》が残っています。とりわけ冬になって一面に雪が積もるときなど、新雪の上にはさまざまな足跡がついてゆきます。私は動物に詳《くわ》しくないので、足跡を見ても何の動物だろうくらいにしか思わないのですが、もっとよく知っていれば一度くらいイエティの足跡を発見できたかもしれないと思うと少し残念です。

そして冒頭《ぼうとう》でも述べたように、山の中というのは確かに不思議なものの気配を感じる場所です。ヒマラヤの場合、だいたい標高４０００メートルを越えると森林限界を超《こ》えて荒涼《こうりょう》とした景色になるのですが、それでも川や風の音、氷河のきしむ音、それに動物やイエティ（？）の鳴き声など、山はあちこちからささやきかけてきます。こうした場所では、人間以外のさまざまな存在とともにいると考えることの方がむしろ普通《ふつう》なのではないでしょうか。

イエティ以外の怪異たち

だからクンブ地方にはイエティのほかにもたくさんの不思議なものたちがいます。例えば水場にはルーと呼ばれる蛇《へび》の神霊《しんれい》がいて、水源の近くに生えた木のウロに住んでいます。目には見えない水の守り神なのですが、けっこう怒《おこ》りっぽく、水場を汚《よご》したりお祀《まつ》りを忘れたりすると人間を病気にしたり土《ど》砂崩《しゃくず》れを起こしたりするそうです。かつてルーのいる水場でうっかり木を切ってしまったある女性は手が曲がってしまい、医者や

踊るクンビーラ

治療師《ちりょうし》に診《み》てもらったものの治らず亡くなるまでそのままだったということです。水に関して言えば、ほかにも湖には龍《ドゥク》が住んでいて、雷雨《らいう》のときに湖の底から現れると言われています。龍もやはり湖を汚すと怒《いか》り、村に嵐《あらし》や洪水《こうずい》をもたらすとされています。

　また怪異というと少し失礼かもしれませんが、シェルパの世界ではそもそも山自体が神様なのです。エベレストはチョモランマという女神ですし、私が住んでいた村の目の前にそびえるクンビーラという山はクンブ地方全体の守り神で、その名前は文字通り「クンブの村の神」を意味しています。村で一番大きいお祭りであるドゥムジの日にはそのクンビーラが村にやってきて、お寺の中庭で儀礼《ぎれい》的な舞《ま》いを踊《おど》ります。そして村人たちはカタと呼ばれる儀礼用の布をクンビーラにかけて祝福し、一年の安寧《あんねい》を山にお願いするわけです。

　現在の村の人たちは確かにヒマラヤ登山をしてお金を稼ぐようになりました。それでもシェルパの人々は、山は神様だから本当は登ってはいけないのだと語ります。あくまでも仕事だから山に行くのであって、自分たちからすき好んで山登りをすることはありえないのです。そして山に入る前には山を怒らせないようにお坊さんを呼び、お香《こう》を焚《た》いて入念に儀礼《プジャ》をおこないます。ここでは山は意志を持って人間と交流し、人々を守って恵《めぐ》みをもたらしてくれる神である一方、もし機嫌《きげん》を損《そこ》ねると雪崩で人間の命を奪《うば》う恐《おそ》ろしい存在でもあるのです。これは別の研究者が報告していることですが、エベレストは自分の意志で背を伸《の》ばして世界で一番高くなり、シェルパの人々に仕事を与《あた》えてくれたのだと語る人もいるそうです。

　こうしたヒマラヤのさまざまな怪異は、シェルパの人々が自然に対して抱《いだ》く敬意と畏《おそ》れを表していると考えることもできるでしょう。ルーや龍は山の貴重な水源を守り、人々に水場を荒《あ》らさないよう警告を発しています。神様である山は人間がみだりに立ち入ることを禁じ、人々の安全を守ると同時にヒマラヤの自然も守ってきたわけです。

イエティもそうした自然に対する敬意や畏怖《いふ》の表れのひとつとして、山奥に入ったり危険な時間に山を歩いたりしないようにさせて人間を守るとともに、山の自然環境《かんきょう》を人間の手から守ってきたのだと理解することもできるでしょう。もちろんシェルパの人々の心をそのまま知ることはできないので、あくまでも外部からやってきた人間によるひとつの解釈《かいしゃく》に過ぎないということをお断りしたうえでの話です。

観光とイエティ

しかし最近では、イエティと出会うこともほとんどなくなってしまったと村の人たちは言います。ある女性によれば、「昔の人は村から離《はな》れたヤクの放牧場で何日も過ごしていたから、よくイエティの声を聞いたし、出会ったりもした。だけど最近は観光客が山のあちこちまで行くようになったから、イエティはいなくなってしまった」とのことです。

エベレストを目の前に眺めるクンブ地方は山岳観光の名所になり、世界中から毎年何万人もの観光客が訪れるようになりました。村の人たちによると、イエティたちはそれを嫌《いや》がってもっと山の奥に行ってしまったのだそうです。

その代わりにイエティはネパールを代表するキャラクターのひとつになりました。１９５０年代にはじめて外国人がクンブ地方にやってきたころ、ナムチェのお寺ではお祭りのときにイエティの皮を頭にかぶった僧侶《そうりょ》が儀礼的な舞いを踊っていたと報告されています。その皮はお寺に無造作に置かれていたと言われ、当時の人々にとってイエティは特に珍《めずら》しいものではなかったようです。しかし外国人がそれに強い興味を示したことから、次第にイエティはシェルパ社会やネパールを象徴する存在として見直されていったようです。いまではイエティ航空をはじめ、ネパールには名前にイエティを冠した会社が多数あり、観光客向けにイエティを模した土産物も売られています。

建設中のイエティの巨像

ソルクンブ郡の郡庁所在地であるサレリの町では巨大《きょだい》なイエティの像が建設中で、一種のテーマパークを作ろうというプロジェクトも動いています。

　また特に若いシェルパの友人たちにイエティの話を聞くと、しばしば「本で読んだ話では」と前置きしながら生き生きとイエティについて説明してくれます。おそらく観光化が進み、ガイドとして働く過程で、イエティの物語はお客さんの期待に応えられるように工夫して語り直されてきたのでしょう。

　村の近くからイエティがいなくなってしまい、イエティについての語りも変わってゆくのは、なんとなく残念な気もします。だけど怪異というのはもともとそういうものではないでしょうか。私たちの身の回りの不思議な話も、その時々の状況《じょうきょう》に応じて少しずつ変化しながら語《かた》り継《つ》がれてきたものであるはずです。そうだとするとイエティも、観光化という新しい状況のなかで自らのいるべき場所を新たに見出し、いまも力強く活動し続けているのです。

column

シェルパと幽霊《ゆうれい》

シェルパの人々が帰依《きえ》するチベット仏教の世界では、原則として死者は次の生へと生まれ変わります。ただし予期せぬ病や不慮《ふりょ》の事故で亡くなった人間は幽霊になるとも言われています。幽霊は目に見えることもありますが、見えないことが多いそうです。そして幽霊に出会ってしまった人は、幽霊の死因となった身体《からだ》の位置に不調をきたすと言います。観光化とともに、シェルパの人々は危険な高山に登るようになりました。すると幽霊にも変化が生じました。登山中の事故で亡くなった人が幽霊として村に現れるようになったのです。幽霊は特に日の出や夜中の12時といった日の変わり目に現れやすいと言われています。また幽霊はチベット仏教の真言《しんごん》を唱えてもらいたがっており、それを聞くことで消えるとされます。ただしシェルパは死者について語ることを強く嫌う人々です。もしあなたが将来ヒマラヤを訪れることになったときも、幽霊について軽々しく聞くことはどうか慎《つつし》んでください。

古川不可知（ふるかわ・ふかち）

１９８２年生まれ。専門は文化人類学とヒマラヤ地域研究。埼玉大学教養学部を卒業後、しばらく一般企業に勤務したのち研究の道へ。２０１８年、大阪大学大学院人間科学研究科博士後期課程修了。博士（人間科学）。国立民族学博物館機関研究員を経て、２０２０年より現職。２０１０年からヒマラヤでシェルパと山岳観光の研究を続けているほか、近年は日本の登山やキャンプについての研究もおこなっている。

3 どうして「呪《のろ》われた」と思ってしまうの？——現代ロシアの呪術信仰《じゅじゅつしんこう》

藤原潤子（神戸市外国語大学准教授、かけはし出版代表）

以下は、死の呪いをかけられたと信じる一人の女性から呪術師への、助けを求める手紙です。

財産分与《ざいさんぶんよ》をめぐって、夫の妹とけんかになりました。腹を立てた彼女《かのじょ》は、私の写真をお墓に埋《う》めてしまいました。私はどんどん衰弱《すいじゃく》し、しょっちゅう気を失うようになりました。医者はどうしても治すことができません。［……］お願いです、私を助けて下さ

い！[＊1]

ソ連時代のロシアでは、神を信じるべきではないという無神論政策が行われていましたが、1980年代後半以降、宗教が復興すると同時に、呪術を含《ふく》むオカルティックなものへの興味が高まりました。書店では山ほどのオカルト書が売られ、新聞紙上では「役に立つ」とされる呪文の教え合いが行われ、新聞広告にはどんな問題も解決するという呪術師たちの広告があふれるようになりました。神、予兆、呪術、あの世の存在、UFOと宇宙人の存在などのうち、何を信じるかについて、全ロシア世論調査センターが2008年に行った調査によると、呪術を信じると答えた人は7％でした（複数回答あり）[＊2]。同じセンターが2016年に行った調査では、「呪いをかけることのできる人が存在すると思うか？」という質問に対しては、「はい」が36％、「実際に呪われたという事例を知っているか？」という質問に対しては、「はい」が27％という結果になっています[＊3]。これらの結果から、呪術を信じる人は現代ロシアでは少数派ではあるけれど、一定数いることがわかります。このような人々が最も恐《おそ》れるのが「呪い（ポルチャ）」です。

＊1　Степанова, Н.И.Заговоры сибирской целительницы, 2014, Т.30, С.158-159.

＊2　Новая газета. http://www.newizv/ru/lenta/104224（2009年6月参照）

＊3　Опрос: более трети россиян верят в колдовство и порчу // Газета.ru. 31. 10. 2016, 11:26. https://www.gazeta.ru/social/news/2016/10/31/n_9279221.shtml（2017年10月11日参照）

ステパーノヴァの『シベリアの呪術師の呪文』シリーズの表紙。2023年現在、52巻まで出ている。

2002年からロシアで調査を行い、呪いについてさまざまな話を聞く中で、私はナターリヤ・ステパーノヴァという女性呪術師にいきあたりました。ステパーノヴァはシベリアのノヴォシビルスクに住む、現代ロシアで最も有名な呪術師です。彼女はさまざまな場面で役立つとする呪文《じゅもん》を載《の》せた本を300冊以上出版しています。こんなステパーノヴァのもとには、ありとあらゆる悩《なや》み相談の手紙が送られてきており、その中には呪いと関わるものも少なくありません。最初に紹介《しょうかい》した相談もそのひとつです。

ステパーノヴァはさまざまな相談に対し、解決に必要な呪文を与《あた》えるという形で応《こた》えています。紙上での相談は匿名《とくめい》でできるので、普通《ふつう》ならなかなか聞くことができないような赤裸々《せきらら》な語りも多く、現代ロシアの呪いを知る上で最高の資料と言えるでしょう。今回はステパーノヴァの代表作である『シベリアの呪術師の呪文』シリーズ＊4から、呪いに関する相談約400件を概観《がいかん》することで、現代ロシアではどのように「呪われた人」

＊4　Степанова Н.И. Заговоры сибирской целительницы. Т.1 - 52. М.: Рипол классик. 1996-2020.

が創り出されているのかを考えてみたいと思います。[*5]

呪いについて相談するのは誰《だれ》か

ステパーノヴァに呪いについて相談してくるのはどのような人なのでしょうか？　まず立場から見ると、呪われた人がほとんどです。しかしごくまれに、自分が別の人にかけてしまった呪いを解きたいが、解き方がわからないという相談もあります。性別で見ると女性が大部分を占《し》めていますが、男性からの相談も1割程度あります。相談者の年《ねん》齢《れい》はわからないものが多いのですが、わかる限りでは未成年から年寄りまで、すべての年代にわたります。職業もさまざまで、教師、大学教授、裁判官など、大学教育を受けている人からの相談も少なくありません。相談者の居住地は概《おおむ》ねロシア国内ですが、それに加えて旧ソ連諸国や外国からの相談もあります。相談者の民族・宗教的属性はほとんど書かれていませんが、ステパーノヴァの本がロシア語で書かれていること、ステパーノヴァはロシアの主な宗教であるロシア正教（キリスト教の一派）の信者であり、呪文が効くためには正教徒であることが前提となっていることから、相談者は概ねロシア語を母語とする正教徒であると推定できます。

＊5　本項の内容を数値化した形でより詳しく知りたい方は、以下をご参照ください：Фудзивара, Дзюнко. Магическое значение порчи в Японии и в современной России // И.Л. Данилова (ред.) Аспекты взаимодействия культур. Россия – Япония – Швеция. М.: Белый ветер, 2020, С.35-79.

ここでロシアの呪術文化について、少し説明しておきたいと思います。ロシアの呪術はキリスト教文化とキリスト教以前の異教文化との混合です。キリスト教的要素を含む呪文は、民間では「お祈《いの》り」とも呼ばれます。ロシア正教会はいかなる呪文も悪魔《あくま》の力を借りる行為《こうい》だとして禁止していますが、現代ロシアの呪術師の多くは、自身をキリスト者として、つまり神の力によって人々を救う者と位置づけています。

誰が誰を呪うのか

ではどのような関係の間で呪いがかけられるのでしょうか？　相談の中で最も多いのが姻族《いんぞく》間で、特に嫁姑《よめしゅうとめ》、あるいは、男性とその妻の母親との確執《かくしつ》が目立ちます。たとえば、姑に気に入られておらず、呪いで離婚《りこん》させられそうだという相談、妻と離婚したら、その母親に性的不能の呪いをかけられた、というような相談が見られます。

次に多いのが、恋敵《こいがたき》の間でかけられる呪いです。これは主に、一人の男性をめぐる妻と愛人の戦いです。夫の愛人の呪いのせいで離婚になりそうだという妻から相談、妻子ある男性を奪《うば》ったら、その妻に呪いをかけられたという相談などがあります。

夫婦間、愛人間など、異性愛で結びついた関係での呪いも多いです。妻と離婚しようとしたら妻に呪われたという相談、妻を愛しているのに、呪いのせいで意に反して別の女性に引き寄せられてしまうという相談もあります。

仕事と関係する相談としては、部下をクビにしたら呪われたという相談が多いです。また、自身の職業ゆえに呪われたという相談もあります。たとえば監査《かんさ》官《かん》は監査の際にトラブルになった売り子に呪われ、裁判官は長い刑期《けいき》を言《い》い渡《わた》された犯罪者の家族に呪われ、産科医は医療《いりょう》ミスで子を失った母親に呪われたと語ります。また商売敵に呪いをかけられ、全く商品が売れなくなったという相談もあります。

ステパーノヴァへの相談からは、その他、隣人《りんじん》間、血族間、見知らぬ人どうしなど、さまざまな関係で呪いが行われていることがわかります。かけられた呪いの影響《えいきょう》は、当事者に留まることもあれば、一族全員、あるいは何代も先の子孫まで伝わっていくものもあるとされます。

どのように呪いをかけるのか

ではロシアでは呪いはどのようにかけられるのでしょうか？　ほとんどの相談者は、その方法を知りません。しかし、それが語られている場合に限って言うと、呪物《じゅぶつ》を置かれるという方法が最も多いです。誰も見ていない間にこっそり置かれることが多いのですが、被害者《ひがいしゃ》の目の前で置かれることもあります。置かれる物は、土、針、ろうそく、小銭などです。置かれる場所は多くの場合、呪いの被害者の家のそばで、見つけた人は、「いったい誰が!?」と驚《おどろ》き怯《おび》えることになります。呪物は時にベッドの下など、家の中で見つかることもありますが、この場合は姑や、夫が連《つ》れ込《こ》んだ愛人などの仕業《しわざ》であることが疑われます。

被害者の所有物を介《かい》して呪いが行われる場合、最もよく使われるのが写真です。そのためステパーノヴァは、自分の写真を誰かにあげたりＳＮＳにアップしたりするのは控《ひか》えるようにと警告しています。これは死を招きかねない危険な行為だからです。その他、被害者の衣服、髪《かみ》、爪《つめ》、精液なども使われます。

呪いをかける方法として、「死者に対して行うのと同じことをする」というのもよく見られます。たとえば誰かの葬式《そうしき》の際に、憎《にく》い相手の写真をこっそり棺《ひつぎ》に入れる、あるいは最初の相談にあったように、写真をお墓に埋めるという行為です。これらは相手を「葬《ほうむ》る」ことによる死の呪いです。また、通常は死者の安寧《あんねい》を祈るために教会で行われる祈祷《きとう》を、呪いをかけたいと思う人の名前で行うといった方法もあります。

墓地の風景。墓地では憎い相手に呪いをかけるだけでなく、
自らの病気や不幸を「葬る」こともできる

その他、被害者に物を渡す、プレゼントする、拾わせる、売る、郵送するなどして、物と一緒《いっしょ》に呪いを受け取らせる方法もあります。たとえば、高価な物品に呪いを込めた上で道に置いておき、たまたま通りがかった人が拾うのを待ちます。このような方法で、自分の不幸（重い病気など）を他人に渡すのです。高価なコートや家などがただ同然の値段で買えたと思って喜んでいたら、実は呪いがついていた、という相談もあります。

先の例とは反対に、物をもらうことによって呪いをかける方法もありますが、これは被害者からポジティヴなも

多数のイコンが並べられた礼拝堂の内部。ここもまた、呪術を行う場となりうる

のを盗《ぬす》むという意味を持っています。呪う側は呪われる側に、多くの場合、非常にささやかな物をくれるよう頼《たの》みます。たとえば小銭を貸してほしいとか、道中で食べる食べ物が欲しいとか、古着を寄付してほしいなどです。そしてこれらの物と一緒に、被害者の健康や幸せや幸運などを盗み取るのです。

食べさせる、飲ませるという呪いの方法もあります。この場合に使われる物は多くの場合、その結果と結びついています。たとえば、豚《ぶた》のように太らせるために豚の脂《あぶら》身《み》を食べさせたり、カエルのように醜《みにく》くなるようにカエルのゆで汁《じる》を飲ませたりします。

先に述べたように、ロシアの呪術文化は異教文化とキリスト教文化の混合であるため、呪いをかけるための儀《ぎ》礼《れい》にも、キリスト教的要素が含まれていることが少なくありません。呪いの呪文に神や聖人への呼びかけが含まれていたり、儀礼の際に十字架《じゅうじか》が使われたり、教会で儀礼が行われたり、教会の祝日を選んで儀礼が行われたりします。しかし人々はなぜ、神が呪いをかけるのを助けてくれると信じることができるのでしょう？　これは、ある行為が呪いとみなされるかどうかは、立場によって異なることによります。たとえば夫に捨てられた妻が、呪術を使って夫の愛人に復讐《ふくしゅう》しようとする場合について考えてみましょう。愛人にとってこれは紛《まぎ》れもなく呪いですが、妻にとっては正当防衛です。妻である自分には家庭を守る権利があるから、神は助けてくれるはずだ――このように考えているのです。

呪いの結果何が起こるのか

では呪いの結果、何が起こるのでしょうか？　相談の語りの中で最も多いのは、思いがけない重い病気です。その異常性を示すために、「病院に行ったけれど、医者にはどうにもできなかった」、あるいは「検査では何も異常は見つからないけれど、ひどい状態で死にかけている」などと語られます。

その他、呪いの結果として語られるものとして、夫婦の間の不和や離婚、親子関係の悪化、孤《こ》独《どく》などといった人間関係の問題、強い鬱《うつ》状態、判断力の喪《そう》失《しつ》、自分の意思の喪失、記《き》憶力《おくりょく》の減退、性格の急激な変化などといった精神的な問題、急激な老化、イボや湿《しっ》疹《しん》や瘤《こぶ》の出現、ハゲ、異常に毛深くなること、急激な肥満などといった外見の変化、病気や事故や自殺などによる死、さらに大きな金銭的損失、失業、火事、怪《け》我《が》、アルコール中毒、性的不能などが挙げられます。

不幸が立て続けに起こるという語りも頻《ひん》繁《ぱん》に見られますが、これは事態の異常性――つまり偶《ぐう》然《ぜん》ではなく呪いのせいであること――を訴《うった》えるためです。たとえばある女性の場合、まず妹が死に、次に母が死に、その後、夫に捨てられ、息子は麻《ま》薬《やく》中毒になって死に、娘は癌《がん》で死に、さらに甥《おい》とその妻が事故死し、今、自分は病気で死にかけている、とステパーノヴァに訴えています。

不幸の「原因」をどのように知るのか

では人々は不幸の「原因」が呪いであることをどうやって知るのでしょうか？　最も

多いのが、思いがけない不幸が起こっているという事実そのものが、呪いの「証拠《しょうこ》」であるとする語りです。不幸がたくさん降りかかるほど、あるいは状況《じょうきょう》が悪ければ悪いほど、その不幸の「原因」は呪いであるという信念が強まります。

次に多いのが、呪った人から呪いをかけたことを直接聞いたというものです。「あいつを呪おうと思ってるんだ」と話しているところを偶然聞いてしまうという例もあれば、「お前を呪ってやる」と予告される、「呪ってやったぞ！」と宣言される、「実は呪いをかけたんだ」と後から告白される、というような例もあります。

呪いの目撃《もくげき》によって呪いを知る例もあります。「呪ってやる！」と言われ、その場で呪いがかけられる、あるいは呪いのために使われた道具を発見するという形で呪いが目撃されます。その他、呪術師やその他の人に呪いがあることを指摘《してき》される、自分が不幸になったのと同時に他の人が幸せになったことによって知る（自分の幸せが呪いによって盗まれたと解釈《かいしゃく》される）、夢で知る（死んだ親戚《しんせき》が夢の中で教えてくれるなど）、家族に伝わる伝説から知る（不幸が起こった場合、その伝説が実現したのだと解釈される）などの方法で呪いが「発見」される例もあります。さらに、自分と似た境遇《きょうぐう》の人をステパーノヴァの本の中で知ったことにより、自分の不幸も呪いのせいだと知った、という語りもあります。こうした語りからは、ステパーノヴァの本も「呪われた人」生成装置として、大きな役割を果たしていることが伺《うかが》われます。

相談者の語りの中には多くの場合、不幸の「原因」が呪いであることを支える根拠《こんきょ》は複数あります。たとえば、「お前を呪ってやる」という脅《おど》しを聞いた後に、家のそばで呪物を見つけ、その後、立て続けに不幸が起こり、それで呪術師のところへ相談に行ったところ、それは呪いに間違《まちが》いないと診断《しんだん》される、という具合にです。

ステパーノヴァは「呪われた」と語るほぼすべての人に対して、呪いを祓《はら》うための呪文を伝授しますが、これはステパーノヴァが読者の語りに同意したことを意味します。ロシアで最も有名な呪術師からのお墨付《すみつ》きを得て、相談者は不幸の原因は呪いであるという確信をますます強めることになるのです。

呪い文化の日露《にちろ》比《ひ》較《かく》

最後にロシアと日本の呪い文化を比較したいと思います。日本で呪いと言われて真っ先に頭に浮《う》かぶのは、「丑《うし》の刻参《こくまい》り」ではないでしょうか。これは真夜中に、憎い相手に見立てた藁人形《わらにんぎょう》を、神社の御《ご》神木《しんぼく》に五《ご》寸釘《すんくぎ》で打ち付けるというものです。今ではこのような呪いの文化はすたれてしまったと考える人が多いかもしれませんが、実は完全には消えていません。たとえば京都の安井《やすい》金比羅《こんぴら》宮《ぐう》は、一部の人の間では、現代日本の呪いスポットとしてよく知られています。

　公式ホームページによると、この安井金比羅宮は悪縁《あくえん》を切り、良縁を結ぶ神社です。境内《けいだい》には、重い病、不幸や悪い習慣との縁を切りたいといった望みが書かれた絵馬がたくさんあります。しかしよく見ると、こうした罪のない望みと並んで、呪いとしか思えないような願望が書かれた絵馬もあります。たとえばある女性は、自分と娘《むすめ》が平穏《へいおん》に暮らすために、夫の死を神に願っています。別の女性は、夫とその愛人との縁が切れること、愛人の家が火事で燃えることを願っています。さらに別の人は、息子とその嫁を別れさせてほしい、そして嫁のお腹にいる子どもを殺してほしいと願っています。ロシアではキリスト教と関わる呪いの儀礼が少なくないことを述べましたが、現代日本でもまた、神の力を借りて呪いが行われているのです。

　ただ、日本の呪いはロシアの呪いと異なり、呪ったことを宣告したり、呪われた人の目につきやすい場所に呪物を置いたりはしません。民俗《みんぞく》学者の小《こ》松《まつ》和彦《かずひこ》が述べているように、日本では呪いは呪う側の心性《しんしょう》だけで成立しています。つまり、呪う側だけが自分の行ったことを知っており、相手に何かが起こった場合、呪った側はそれを呪いとみなすが、呪われた側はそれについては知るよしもない。[*6] 一方が呪ったという事実と、もう一方に不幸が起こったという事実は、呪われた側の頭の中では決して結びつかないのです。

一方ロシアの場合は、これらの事実は呪われた人の頭の中で簡単に結びつきます。先に不幸の「原因」が呪いであることを人々がどのように知るかについて紹介しましたが、その内訳を数値化すると、約４００件の相談のうち、呪われていることを呪っている人の口から聞いて知ったとする語りは67%、呪いの儀礼を目撃したり呪物を発見したりしたとする語りは37%、これらのいずれかを含む語りは82%に上ります。つまりロシアでは多くの場合において、呪いが行われたことが加害者から被害者へ意図的に通告されます。それゆえに、その後、偶然、何らかの思いがけない不幸が起こると、呪術を信じていない人の頭にさえ、「実は呪術は本当に効くのではないか?」、「これはもしかして呪いではないか?」という考えが起こりうるのです。そしてもし、念のために呪術師などに相談に行ったりすると、これは間違いなく呪いであるというお墨付きがもらえます。こうしてさまざまな根拠が紡《つむ》ぎ合わされ、「呪われた」という物語が立ち現れることに

＊6　小松和彦『呪いと日本人』KADOKAWA、2014年、19-20頁。

なるのです。

すでに述べたように、現在はロシアでも日本でも呪いを信じる人は少数派です。ごく一部の人が信じているにすぎません。しかし、呪ったことを相手に通告するという文化があることにより、ロシアでは日本よりもはるかに呪いの世界に引き込まれやすいシステムになっています。これにより、「かつては無神論者で、科学的な教育を受けていたから、呪いなんて全く信じていなかった」と語る人でさえ、時に呪いの世界観に絡《から》み取られ、「呪われた人」になってしまうのです。

こうした呪いの物語は、時に研究者さえ絡め取ってしまいます。ロシアで呪術調査をするにあたって、ロシア科学アカデミー・カレリア支部所属の民族学者が協力してくれたのですが、彼が呪術を心底信じていたのは驚きでした。フィールド調査は初めてだという私に彼は、呪術調査の危険性（呪われるかもしれない）や、呪文資料の取扱《とりあつか》い（そのまま公表したら悪用されるかもしれないから、一部改編すべき）などについて述べました。私は最初、呪術を信じすぎている、研究者ならもっと客観的であるべきではないか、と批判したこともあるのですが、しばらくして彼こそが絶好の資料だと気づきました。調査で採集した呪文をためしに使ってみたことなどがきっかけで呪術を信じるようになり、学者として多くの呪文を知っているがゆえに「カレリア一有名な呪術師」とさえ呼ばれるようになった彼との調査については、『呪われたナターシャ』[*7]という本にまとめています。ロシアの呪術の世界をより深くのぞいてみたい人は、ぜひ読んでみてください。

column

言葉の力への恐れ

ロシアで「呪い《ポルチャ》」と並んで一部の人に信じられているのが、「呪詛《プロクリャーチェ》」です。このふたつの違いは、前者は呪文や、呪文を唱える時にするべき行為など、決まった方法をあらかじめ知っておく必要があるのに対し、呪詛は否定的な言葉、不幸を願う言葉を感情のままに発するだけでよい点です。ロシア人が言葉の力を語る時の決まり文句として、「言葉は物質化する」というのがあります。「明日は天気が悪くなりそうね」といった何気ない言葉でさえ、「なぜそんな否定的なことを言うの？　言葉は物質化するのよ！」とたしなめられ、驚いたことがあります。まさに口は災《わざわ》いの元、だからネガティヴなことは決して言ってはいけないのです。

では、うっかり縁起の悪いことを口走ってしまったら……？　実は不吉な言葉を取り消すための方法もちゃんとあります。急いで机など、木でできた物をコンコンと3回たたけばいいのです。これは、呪術を信じる信じないにかかわらず、現在でもほとんどのロシア人がしているおまじないです。

*7　藤原潤子『呪われたナターシャ：現代ロシアにおける呪術の民族誌』（人文書院、2010）。

藤原潤子（ふじわら・じゅんこ）

ロシアをフィールドとして文化人類学的な研究を行いつつ、絵本の翻訳・出版にもたずさわる。著書に『呪われたナターシャ：現代ロシアにおける呪術の民族誌』（人文書院、２０１０）、『水・雪・氷のフォークロア：北の人々の伝承世界』（勉誠出版、２０１４、共編著）、訳書にアントン・ロマーエフ作『パパかいぞくのこもりうた』（成山堂書店、２０２２）、コンスタンチン・ザテューポ作『ぼくのとってもふつうのおうち』（かけはし出版、２０２３）など。

4 かもしれない、かもしれない……

近藤宏（神奈川大学人間科学部准教授）

★

はっきりとはわからないこと、怖《こわ》いもの、不思議なことや異様なこと。世界にはそんなことはたくさんあるだろうけれど、ここでは、パナマに暮らす先住民エンベラの人びとが、さまざまな仕方で経験し、さまざまに語る、怪異《かいい》な存在に焦点《しょうてん》をあてます。その怪異な存在をとおして見えるエンベラの人びとは、ぼくたちとはまったく異なる生き方をしていても、意外なことに、はっきりとはわからないこと、怖いものとともにいかに生きるのかという課題に取り組む、ぼくたちの同時代人として浮《う》かび上がるでしょう。

ぼくが訪れるエンベラの村のひとつは、パナマのなかでも東の端《はじ》のほう、隣国《りんごく》のコロンビアとの国境に近い熱帯の森にあります。エンベラの人びとは、森に流れる川沿いに家を建てて暮らしていて、川は魚獲《さかなと》りや水浴び、洗濯《せんたく》などの場であると同時に、子どもたちが遊び、恋人《こいびと》同士が時間を過ごすこともある、日々の暮らしに欠かせない空間です。ぼくが調査をしていた村のそばを流れる川は、水深が浅く歩いて対岸に渡《わた》れるところも多いけれど、潜《もぐ》って泳げるところもたくさんあります。水深が深いところは子どもたちの遊び場で、流木のそばや川岸に穴がたくさんあるところは格好の漁場になります。人びとが銛《もり》を使い、川のなかや穴のなかにいる魚を器用につかまえる、そんな川では、次のような出来事も起こります。

　ある日、二人の若い男が、川の上流へと魚を獲りに出かけました。上流に着くと、いつものように、川を歩いて下りながら魚がいそうな地点で潜り、魚を獲っていました。水深が深いところに来て、若者のひとりがふと友人のほうを見ました。すると友人は、泳いでいるのではなくもがいているのです。なにか変だと感じた若者は急いで友人のほうに向かい、身体《からだ》をつかみ水の上に引き上げようとしました。ところが友人の身体はなにかにつかまれているかのように重く、簡単には引き上げられません。何度か力を入れてもうまくいきませんでした。若者は水のなかを銛でついてみました。すると、友人の身体が軽くなり、引き上げることができました。けれども、身体を川辺に横たえたときにはすでに息をしていませんでした。若者は慌《あわ》てて村まで走っていって、ことの次第を伝え、数人の男と一緒《いっしょ》に走って友人のところまで戻《もど》りました。ところが、あるはずの友人の遺体がそこにありませんでした。あたりを見渡すと、友人の遺体は川の下流のほうに浮かんでいたのです。

　これは、ぼくがその村で調査を本格的に始めたばかりのころ、「少し前に起こったこと」として村の人から何度も伝え聞いた出来事です。命を落とした若者は、古老のアシクロの息子でした。アシクロは、この出来事のことをはじめに教えてくれた一人でした。かれの説明はほかの人と概《おおむ》ね同じ内容でしたが、それでも強い印象を残すものでした。というのも、事の顚末《てんまつ》を描写《びょうしゃ》したあとに、かれは「アントミャだよ」と言ったのです。それですべてがわかるだろう、といわんばかりの調子でした。

　川で起こった青年の死というこの出来事を、文章を読んでいるみんなはどう受け止めたでしょうか。たまに起こる、不幸だけれどやむを得ない自然に起きた事故か。それとも、準備不足や不注意が悔《く》やまれる、人が引き起こした事故か。実は、エンベラの人びとがぼくに伝えていたのは、いずれでもないということでした。鍵《かぎ》になるのは、「アン

エンベラの村のそばを流れる川
増水すると大きな樹も流してしまう

トミャだよ」という謎《なぞ》めいた言葉です。

　アントミャとは、人を襲《おそ》う悪霊《あくりょう》です。アントミャが好んで人を襲う場所が川で、そこでアントミャに襲われると、水中で身体をなにかにつかまれるのか、自由には動けなくなり、そして、溺《おぼ》れ死んでしまいます。すなわち、アシクロをはじめとするエンベラの人びとは、その青年は殺されたと言っていたのです。川で起こっていたのは、事故というよりも殺人事件なのです。ただしその犯人は、人ならざる悪霊ということなのですが。

　日常生活が営まれる場所で起こった溺《でき》死《し》という出来事には、どこかわかりえないところがあります。なぜそんなことになったのか。なにがいつもと違《ちが》ったのか。そんな疑問が浮かぶでしょう。「アントミャだよ」。それがアシクロの答えでした。この怪異の存在は、はっきりとはわからないことをすっきりとわからせる、かのようです。そんなアントミャをめぐってエンベラの人びとが語ることや経験することを重ね合わせていくと、はっきりとはわからないことや怖いものとともにいかに生きられるのかを考える、手掛《てが》かりとなるなにかがつかめるはずです。

★★

アシクロにアントミャのことを聞いてからしばらくして、その村で一人の男性が亡《な》くなりました。かれは農作業中に、背後の藪《やぶ》に隠《かく》れていた毒蛇《どくへび》に脚《あし》を咬《か》まれてしまったのです。村から最寄《もよ》りの街にある診療所《しんりようじよ》で治療《ちりよう》を受けたが回復せず、薬草を用いた伝統医療による治療を始めようとしていた矢先のことでした。通夜《つや》のさなか、ぼくは木製の十《じゆう》字架《じか》に名前と没年《ぼつねん》月日を刻んでいました。ノートを取る様子から、ぼくが文字を書くのに慣れていると考えた人たちから頼《たの》まれたのです。翌朝、遺体をコンクリートブロックでできた墓地に納めてからセメントで封《ふう》じるときに、再び、名前と没年月日を生乾《なまがわ》きのセメントに刻むことになりました。この様子を見ていた村人のウィルモから、そのひと月ほど後、かれの父の墓に名前を刻んでほしい、と依頼《いらい》されました。ウィルモとかれの兄は、父が死んだときにはブロックとセメントを準備する金がなく、土を掘《ほ》った穴に遺体を埋《う》めていました。かれらはその墓をきちんとしたかったようです。

　ウィルモたちの父の墓は、アシクロの息子の墓の近くにありました。ウィルモはセメントを混ぜる作業をしながら、アシクロの息子がどんなふうに死んだのかを、ほかの人と同じように語りました。そして、アシクロの息子のことを「クズだった」と言い、兄に同意を求めました。兄もうなずいています。ウィルモが個人的に嫌《きら》うというよりも、多くの人が嫌《いや》がっていた、と。

　生前のアシクロの息子のことを知らないぼくには、かれは殺されたのかもしれないという考えが浮かんでいました。二人の若い男が川にいて、一人が溺れ死んだ、死んだのは「クズ」と評されるような人物である、とすれば、一緒に出かけた若者はアシクロの息子を憎《にく》み、自ら手をかけたのではないか。ただ、ぼくはその思いつきをその場でウィルモたちにぶつけることはできませんでした。そして、エンベラの暮らしをより詳《くわ》しく知るようになるにつれ、その考えは的外れだと思うようになっていきました。

ウィルモに触発《しょくはつ》されたぼくの当て推量には、「アントミャによって殺された」ことを事実として受け止めない、そんな前提があります。この点が、ウィルモたちにもそのほかのエンベラの人にも、その当て推量をぶつけなかった大きな要因のひとつです。エンベラの人びとは、「溺死を引き起こす悪霊アントミャが世界に実在する」ことについて、「自分たちの信念である」としばしば言います。これは、ぼくのような遠くから来たよそ者のみならず、エンベラの暮らす地域のそばにいるエンベラではない人びと、エンベラの生活圏《せいかつけん》のそばにいるアフリカ系やメスティーソの人びとが、そのことを事実として受け止めることはない、と考えられているからです。アントミャのことを、たとえば神の恩寵《おんちょう》のように、立場を異にする人にはリアリティが共有されがたい事柄《ことがら》だと考えているのでしょう。

アントミャはいるのか、それとも、いないのか。この問いからは、エンベラの人にとってはアントミャはいるし、ほかの人びとにとってはいない、というように、エンベラとそうではない人びとを区分する境界線が浮かび上がります。川で誰《だれ》かが命を落とすという出来事をいかに理解するのかによって、相容《あいい》れない立場が露呈《ろてい》するのです。そのことを、エンベラの人たちは強く意識しています。だからこそ、自分たちの前提を押《お》し付けないよう慎重《しんちょう》に語るのでしょう。

ところが、アントミャをめぐるエンベラの人びとの語り方には、民族的アイデンティティの輪郭《りんかく》となる境界線を引くだけではない部分があります。ぼくが調査をはじめたばかりのころ、アントミャによる事件やアントミャのことを教えてくれた人たちはたいてい、「わたしたちが信じていることなのだけれど……」という断りを入れながら、「でも、アントミャはいるんだ」と言っていました。自身の対話相手は「アントミャはいない」という前提を持っていると考えながら、それでもなお、「アントミャがいる」ことを事実として伝えるような話し方でした。アシクロの話し方はその典型です。つまり、「アントミャはいない」というよそ者たちの想定を取り消すようはたらきかける、そんな話し方だったのです。

たしかに川での出来事の描写は、事故という枠組《わくぐ》みには収まりが悪いものです。川岸にあった遺体がどういうわけか川に引き戻されていたという細部によって、その出来事は水難事故以上のなにかかもしれない、という不気味な余韻《よいん》を残します。ほかにもいくつもあった溺死の事例の様子が語られるときも、なぜそうなるのか？　という疑問を聞き手が抱《いだ》くような細部が強調されていました。

アントミャという怪異は、民族的アイデンティティの輪郭をはっきりさせる境界線というよりも、事実とそうとはいえないものが判別しがたく交じりあう、不確かな事柄のあつまる磁場のようなものとともに現れ出ているのです。川での出来事を水難事故以上のなにかかもしれない出来事として伝えることは、「アントミャがいる」世界と「アントミャがいない」世界の区分をはっきりさせるよりもむしろ、その二つにぼかしを入れ、そこに「かもしれない」事柄のひろがる余地を開いていたのです。

★★★

ここまでの話では、アントミャは溺死という出来事の事後にそのリアリティが感じ取られる存在である、かのようです。別の言い方をすると、溺死の原因というはっきりとはわからないことが、アントミャによってすっきりとわかる、かのようです。ところがアントミャは、なにかの事後においてのみ、人びとの意識に浮上《ふじょう》するようなものではありません。エンベラの人びとは、アントミャがなにをするのか、その怪異の生態をより広く深く描写するのに長《た》けているのです。

チェモという50代の男性と、屋根の素材となる植物を森で集める作業を手伝っていたときのこと。周りに誰もいない状況《じょうきょう》で、かれはぼくに問いかけました。なんで、チーノ（スペイン語としては中国人を意味することばだが、広く東アジア的な顔をした人を指すことばとして用いられている。パナマには中国系の住民が多く、日本人であるぼくの民族的アイデンティティもそのことばで理解されることがあった）は、アントミャに襲われないのだ？　なにか秘密があるんだろう。それを教えてくれないか。問いかけられたぼくは、戸《と》惑《まど》うほかありませんでした。秘密などないし、そもそも、アントミャがアジア人を襲わないことなど知らない。だからといって秘密はない、と言えばいいのだろうか。チェモはぼくのことを、なにかを知っているかもしれない、と考えているのに……。チェモからの問いかけは、ぼくが「アントミャがいる」世界にいることを前提にしていました。ぼくも「アントミャがいる」世界にいつのまにか足を踏《ふ》み入《い》れていて、うまく立ち回る秘《ひ》訣《けつ》を知るかもしれない人物となっていたのです。

　自身が、まったく予期せぬ仕方で、アントミャの周囲に浮上する「かもしれない」事柄のひとつとなっていたためか、ぼくは結局へどもどしながら、チェモに自分は「秘密」に相当する内容はなにも知らないことを伝えました。そのうえで、それまでにアントミャについて学んでいたことをもとに、アントミャは人を襲うのだから、チーノもエンベラも関係ないのではないか、と聞き返しました。チェモはおそらく、知りたかったことをぼくが知らないことを察し、それ以上はなにも尋《たず》ねてきませんでした。反対に、ぼくからの問いかけに、アントミャの生態の一端《いったん》を示すようなかたちで応じたのでした。

チェモによれば、アントミャは捕《と》らえる人間をブタのように見ているけれど、すべての人を等しく見ているわけではない。アントミャからすれば、アフリカ系の人びとは好んで捕らえる対象ではない。なぜなら、アントミャにとってかれらは臭《にお》いのきついブタだから。エンベラは、対照的に、アントミャにとって美しいブタであるがゆえに襲われやすいのだ、と。

チェモが示した悪霊アントミャの生態には、一見すると、エンベラの隣人であるアフリカ系の人びとに対する嫌悪《けんお》の感情が屈折《くっせつ》したかたちで表現されているように思われるかもしれません。ところが、アントミャにとって美しいブタであることは、エンベラの人びとにアフリカ系の人びとよりも優越《ゆうえつ》した立場を約束することはありません。それどころか、自分たちの立場をいっそう脆弱《ぜいじゃく》なものとする条件です。じつのところエンベラの人びとは、アントミャのことを、自分たちの生を脅《おび》やかすという点で、森に潜《ひそ》む毒蛇にも等しい、危険な存在であると位置づけています。その危険な存在にほかの民族よりも襲われやすいのがエンベラなのだ、とチェモは語っています。すなわち「アントミャがいる世界」とは、より多くの脅威《きょうい》が実在する世界なのです。そしてその世界における知識、アントミャという怪異の生態をめぐる知識から、いっそう脆弱な集団という自己画定（アイデンティティ）が導かれているのです。

★★★★

危険な悪霊アントミャは、どんな生態なのか。エンベラの人びとは、この問いの回答となるような事柄を、いくつも知っています。たとえば、食べ方。アントミャが川で人を襲うときには、溺死させるだけでなく、指先や爪《つめ》などを食べていて、遺体には噛《か》まれたような跡《あと》があります。たとえば、その鳴き方。「ホォーイ、ホォーイ」と聞きなすことのできる、鳥のような声で鳴きます。耕作地のそばでその声を聞いたある男は、しばらくその場所で仕事をすることはありませんでした。自分が狙《ねら》われているのかもしれない、と考えたからです。たとえば、その姿。アントミャの姿は、普《ふ》通《つう》は目には映りません。しかしその姿が見えてしまうことがあります。森のなかや川べりで黒い人影《ひとかげ》のような姿で現れることがあり、その姿を目にした人は、高熱を出し数日間うなされます。狩《しゅ》猟《りょう》のさなかに、獲物《えもの》となる小動物の姿で現れることがあり、そのとき獲物を追う狩猟者は、予期せぬ仕方で、アントミャの獲物となってしまうかもしれません。夢のなかで自分を誘惑《ゆうわく》する異性として現れることがあり、その夢から夜中に覚め、渇《かわ》きや暑さを覚えて川に行くと、アントミャに捕らえられてしまいます。川のなかでナマケモノの姿で現れることがあり、その姿をしているとき、アントミャは被害者《ひがいしゃ》をまさに溺死させてしまいます。普通なら見えない姿が見えてしまうこれらの状況は、なにかが起こるかもしれない危険が迫《せま》る事態として経験されているのです。怪異がこのように知られることで、「かもしれない」事柄はいっそう増えていきます。

そんなアントミャが誰かを襲うのは、被害者を気に入っているからだ、と言われています。このため、アントミャの声が聞こえるとかその姿が見えるといった経験は、自分が狙われているのかもしれない、という不穏《ふおん》な想像を導きます。そこに、さらに別の想像が付いて回ります。霊的《れいてき》な存在を司《つかさど》り治療を行うシャーマン（エンベラのあいだではハイバナと呼ばれています）には、アントミャを司る力もあります。そしてシャーマンは、ほかの誰かの依頼によって、アントミャを使役して人を襲わせることができます。このため、アントミャが近くにいると感じられるとき、同時に予感されている「人ならざる悪霊による犯行」の背後には、誰かの関与《かんよ》があるかもしれない、とさらなる不穏な想像が導かれるのです。

シャーマンならアントミャを自らに仕えさせることができます。この生態は、シャーマンを、予期せぬ仕方で「かもしれない」事柄に搦《から》めとる条件にもなっています。かつてシャーマンであった人と知り合うことがありました。かれがシャーマンであることをやめる決断をした理由は、誰かが死ぬたびに自分の関与が疑われてきたからでした。裏でアイツが糸を引いているかもしれない、というわけです。シャーマンとしてアントミャに誰かを襲わせたことはないというかれも、ほかの人が自身に向ける疑念を払《はら》いのけるには、シャーマンであるのをやめるほかなかったのです。アントミャを司る力を持つシャーマンも、アントミャの周囲に浮上する「かもしれない」事柄のひとつへと、自分にはどうしようもない仕方で、搦めとられてゆくのです。

★★★★★

ここまでに明らかなように、「アントミャのいる世界」とは、はっきりとはわからないことがすっきりとわかるようになる、という単純な世界ではありません。むしろ、アントミャという怪異について人びとが知りうることは、「かもしれない」事柄、はっきりとはわからないことを増やしています。アントミャがいることでエンベラの人びとの暮らしには「かもしれない」事柄が増え、生はいっそう不確かになっています。

　エンベラにとって、アントミャはひとつの脅威、人が遠くへ追いやることも、取り除くことも、制御することもできない脅威です。普段《ふだん》は見ることもできないその脅威は、予期せぬ仕方で、自身の前に現れるかもしれません。そんな可能性がエンベラの人びとの暮らしには潜在《せんざい》します。たとえば、夜に川辺で恋人と二人きりで話している、そんな甘《あま》いひと時も、アントミャの「ホォーイ、ホォーイ」という声で、危険を身近に感じる恐《おそ》ろしい体験となってしまうこともあるようです。「いま・ここ」にある状況は、突然《とつぜん》暗転するかもしれないのです。

　だからこそエンベラの人びとは、危機の先触《さきぶ》れをとらえられるよう、絶えず周囲に注意を払っています。アントミャが鳥のように鳴くことをぼくが知るきっかけとなったのも、その声に注意が向けられるさまを目《ま》の当たりにしたときのことでした。ある晩、調査村の寄宿先のホストマザーであるエレーナが、夫とぼくと何気ない会話をしていたとき、遠くで聞こえたであろう声を聞き、ぼくたちに注意を向けさせたのでした。それがなければ、ぼくはなにかが鳴いたことさえ気づかないままだったでしょう。

そしてアントミャだけが、エンベラの暮らしにおける脅威なのではありません。たとえば、アントミャと並ぶほどに危険な毒蛇に対しても、エンベラの人びとは驚《おどろ》くほどの注意深さを発揮します。森の小径《こみち》を歩くとき、かれらは足もとにも絶えず注意を払っています。それも、身体の一部が落ち葉などに隠れる、地面の色に似たような色をした蛇も見つけられるほどに。気づかず踏んでしまうことは、文字通り、命とりになります。環境《かんきょう》に溶《と》け込《こ》む蛇にも気がつくよう、森を歩くときにはここ以外のところを考えてはいけない、と人びとは言います。ほかにも、危機を告げる鳥の声の聞きなしや夢見の解釈《かいしゃく》など、危険が現実化する前、その先触れにおいてとらえようとする、さまざまな術《すべ》を持っています。

その世界にある脅威はなくすことも制御することもできません。生は不確かで、「いま・ここ」にある状況さえ、とつぜん別の事態へと変わってしまうかもしれない。だからこそ、なにかが起こるかもしれない日々の暮らしをうまく歩めるよう、脅威から眼を逸《そ》らすのではなく眼を開く方法を、エンベラの人びとは練り上げているのです。

column

パナマ東部の森、ダリエン

エンベラの人びとが暮らすパナマ東部地域はダリエンと呼ばれています。首都から遠く離《はな》れた森の広がるその地域は、じつは多民族的な空間です。いまでは、もともと新大陸にいた先住民であるエンベラ、エンベラとは比較的《ひかくてき》似ているけれど別のことばを話す先住民ウォウナン、エンベラやウォウナンとは言語も文化も異なるもうひとつの先住民グナのほかに、アフリカ大陸から来た人びとの末裔《まつえい》が暮らしています。エンベラの隣人であるアフリカ系の人びとも、先住民ほどではないにせよ、ダリエンに長く暮らしています。新大陸にアフリカ系の人びとが暮らすようになったきっかけが奴隷《どれい》制です。ダリエンの森は、かつて、奴隷として連れて来られた人びとが逃げ込む先でもあったのです。そんな歴史を抱《かか》えたダリエンの森で生きる人びとについて深く知ることは、どう生きるのかにかかわる多くのことを別の仕方で考えるきっかけになるかもしれません。

近藤宏（こんどう・ひろし）

文化人類学、ラテンアメリカ研究。ラテンアメリカ地域の先住民について研究。共著書に、『構造と自然』（勁草書房、２０２２）、『マンガ版 マルチスピーシーズ人類学』（以文社、２０２１）、『No Life, No Forest』（京都大学学術出版会、２０２１）、『贈与論再考』（臨川書店、２０１６）など。共訳書にエドゥアルド・ヴィヴェイロス・デ・カストロ著『インディオの気まぐれな魂』（水声社、２０１５）、エドゥアルド・コーン著『森は考える』（亜紀書房、２０１６）。

5　ヴァヌアツで魔女《まじょ》に取《と》り憑《つ》かれる

福井栄二郎（島根大学法文学部准教授）

かゆみとしびれ

はじまりは、口の周りのかゆみでした。

唇《くちびる》に違《い》和《わ》感《かん》があって、ここのところの数日は、ずっと舐《な》めたり噛《か》んだりしていました。

最初は気に留めなかったのですが、こうも続くと気になって仕方がありません。誰《だれ》と話をしていても、常にぺろぺろと舌が動いていました。

次は手のかゆみでした。指先がかゆくなって、すぐに手のひら全体に広がりました。手に膜《まく》が張ったような、薄《うす》い透《とう》明《めい》な手《て》袋《ぶくろ》をはめたような感覚で、なんだか自分自身の手ではないような気がしました。

鏡で見ると唇もなんだかぷくっと腫《は》れています。それでも変色しているわけでもなく、痛みもなかったので、そのまま様子をみることにしました。ただ少ししびれがありました。不穏《ふおん》なしびれ。

数日たっても改善はみられず、むしろどんどんひどくなっているようでした。目が腫れて前が見えにくくなりました。耳からは、なんだかわからない黄色い膿《うみ》のようなものが出てきました。ここまでくるとさすがに薬の出番です。目薬、胃薬、塗《ぬ》り薬。薬箱をひっくり返して、使えるものは全部試してみました。

それからさらに数日後、顔もぱんぱんに腫れてしまい、周囲の人が「どうしたの？」と心配して声をかけてくれるようになりました。「いや、なんだろうね。僕《ぼく》にもぜんぜんわからないんだ」

全身に腫れと軽いしびれがあるものの、不思議なことに痛みはありませんでした。食欲も旺盛《おうせい》。体温も正常。お腹もこわしていない。だからそのまま日常生活を送ることができました。むしろ驚《おどろ》いたのは周りの人たちだったかもしれません。もはや原型がどんなものだったかわからないくらいに顔も全身も腫れあがっているけれど、それでもなぜか元気で、「今日も畑仕事に行こう」なんて言っているのだから。

あ、畑仕事。

ひょっとすると、畑でなにか（ヘビとかアリとかなんだかわからない虫）に咬《か》まれたんじゃないだろうか。あるいは毒針みたいなもので刺《さ》されたんじゃないだろうか。とにかく僕の頭に最初に浮《う》かんだのは虫でした。だってここには虫がうじゃうじゃいて、これまで何度も痛い目にあっていたから。

ヴァヌアツ・アネイチュム島の生活

当時、僕がいたのは、南太平洋のヴァヌアツという国です。ヴァヌアツは83の島々で構成されている国で（そのうち人が住んでいる島は65）、現在の人口は約30万人。オーストラリアの北東部に位置して、シドニーからヴァヌアツの首都ポートヴィラまでは、飛行機で3時間半の距離《きょり》です。熱帯なのでここの人たちは、一年中、半袖《はんそで》・短パンで暮らすことができます。日本人にしてみれば、もうこれだけで幸福度が数目盛り上がってしまうかもしれません。南国の島国というと、平べったい白いサンゴ礁《しょう》の島を想像しがちですが、ヴァヌアツ周辺は火山の噴火《ふんか》でできた島ですので、だいたいどこもごつごつとした溶岩か赤土で、そこを鬱蒼《うっそう》とした熱帯雨林が覆《おお》っています。

僕はヴァヌアツの最南端《さいなんたん》に浮かぶアネイチュムという小さな島で、文化人類学のフィールドワーク（参与《さんよ》観察《かんさつ》）を行っていました。僕がはじめて赴《おもむ》いた２０００年の人口が約８５０人で、今は１０００人ほど。首都のポートヴィラは観光地で、電気もガスも豪《ごう》華《か》な観光ホテルもありますが、アネイチュム島にはそういったインフラはありません。舗装《ほそう》された道路もないですから、車もバイクも走っていません。だから島内の移動は徒歩かボートになります。

　島の人たちは、イモ類を耕作しながら、自給自足的な生活を送っています。イモは何種類かあって、一番ポピュラーなのがタロイモです。大きなものはボウリングのピンほどの大きさになります。日本のサトイモのようにねばねばしていて、甘《あま》みが強いイモです。次はマニオク。別名キャッサバとも呼ばれ、加工するとタピオカの原料にもなりますが、ヴァヌアツの人たちはそのまま食べます。これはほくほくとして食べやすい。あとはヤムイモという大きなイモで、粘《ねば》り気がすごく、重厚な味がします。こうしたイモ類と一緒《いっしょ》に、バナナや葉野菜などが毎日の食卓《しょくたく》に並びます。ヴァヌアツの人はニワトリやブタといった肉類も好きだけど、毎日は食べられません。お祭りやクリスマスなど特別なときにだけ口にできる、ちょっと豪華な食材です。

タロイモ畑。植える前に泥をかき混ぜるので重労働になります

自給自足というのは、基本的に生活のすべてを自分たちで賄《まかな》うということです。私たちの社会では、「農業」「サラリーマン」「学校の先生」「看護師」「コック」「お店の販売員《はんばいいん》」というように職業が分かれていて、人はそれぞれ「お金」を介《かい》して必要なモノを売買します。

イモの調理。マニオクをすりつぶして、この後、蒸し料理にします

ところがアネイチュムの人たちはみんなが土地と畑をもっていて、それぞれ自分たちの畑で、自分たちの食べるイモを栽培《さいばい》しています。家を建てるのも、ブタを飼育するのも、魚を獲《と》るのも、専門の職業の人がいるのではなく、すべて自分たちで行います（島で必要なお金に関してはコラムを参照してください）。

僕がこの島に滞在《たいざい》するときは、Ｍさんの家にホームステイさせてもらっていました。文化人類学のフィールドワークというのは長期に及《およ》ぶので、ホームステイといっても、間借りの「お客さん」ではなくて、むしろ「家族の一員」みたいなお付き合いをします。畑仕事も、薪割《まきわ》りも、ブタの餌《えさ》やりも、Ｍさんたちと一緒に行います。Ｍさんは僕にとっての「父」であり、彼《かれ》も僕を「息子」として接してくれていました（これ以降、僕のホームステイ先の家族のことは、「父」「母」と呼ぶことにしましょう）。

なおれ、なおれ

話を戻《もど》します。ある日突然《とつぜん》、僕の身体《からだ》に不穏な変化が現れたのです。父が見るに見かねて、声をかけてくれました。「あとで、俺《おれ》のところにおいで」。当時、父は島にひとりだけいる看護師でした。島に病院はなく、施薬所《せやくじょ》が一軒《いっけん》あるだけ。父はそこで働いていました。軽い病気なら彼が投薬し、もっと重いケガや病気ならば、首都の病院にかかるよう指示を出します。出産も父の仕事で、妊婦《にんぷ》が産気づいたときは（なぜか夜中が多いです）、彼が家まで駆《か》けつけました。

父に指示された日の午後、僕は施薬所に向かいました。今でこそコンクリートの立派な建物ですが、当時の施薬所は粗末《そまつ》な小屋で、窓ガラスもあちこち割れていました。父は腫れあがった僕の顔と身体をひと通り診察《しんさつ》して、目薬と鎮痛剤《ちんつうざい》を処方してくれました。「ありがとう」と伝えたものの、その種の薬は日本からももって来ていましたし、すでに服用済みでした。だから頭の片隅《かたすみ》で「たぶんこれでは効かないだろうな」とも思っていました。

案の定、僕の身体は悪化の一途《いっと》をたどります。もはや目は開きにくく、耳は聞こえづらくなっていました。父は薬が効かないことが判《わか》ると、僕をキリスト教の教会に連れて行きました（キリスト教については後述）。この島は早くから長老派教会の拠点《きょてん》となっていて、父はその教会の「執事《しつじ》」の役職をもつ敬虔《けいけん》なクリスチャンです。何かあったときに神様に祈《いの》るというのは、彼にとっては（そして島の人たちにとっても）当たり前のことだったのでしょう。このときは、さすがに心配した母や妹も同行してくれました。

祭壇《さいだん》の前にみんなで跪《ひざまず》いて、祈りの言葉を捧《ささ》げます。平日の昼間、誰もいない教会に響《ひび》き渡《わた》る父の低い声。ひと通りの祈りが終わると、父たちは「なおれ、なおれ」「よくなりますように」と口々に囁《ささや》きながら、僕の身体の隅々《すみずみ》に聖書を当てていきました。島の人たちは聖書をこうやって使うのかと、僕はどこか冷めた気持ちで考えていました。だけど僕の祈りの真剣《しんけん》さが足りなかったのか、復調のきざしはなかなかみられませんでした。

魔女《まじょ》に嫉妬《しっと》される

変調をきたしてから数週間がたったころ、家で昼寝《ひるね》をしていたら、ひとりの来客がありました。母に用事があったようです。みんな出《で》払《はら》っていたので、僕が応対に出ました。

「おーい、お母さんはいるか。っていうか、お前、その顔どうしたんだ?」

「いやあ、この間から、なんか腫れちゃって……」

「痛みとかは?」

「それが、痛くはないんですよ」

彼はしばらく考《かんが》え込《こ》みます。「うーん、あれかな。ちょっと待ってろよ」。彼はそう言うと踵《きびす》を返しました。数分後、戻ってきた彼の手には、何種類かの草が握《にぎ》られていました。

彼はそれを口のなかで噛みだします。そしてもぐもぐしながら、僕にTシャツを脱《ぬ》ぐよう命じました。言われるがままに脱ぐと、彼は突然、僕の上半身に唾《つば》と草を吐《は》きかけました。

「はい。次は背中」

「え？　なにこれ？」

「いいから背中をこっちに向けて」

背中にも同じように唾と草を吐きかけられました。

「あのな……」。ひと通りの「処置」が終わると彼は語り出しました。「あっちの方に山が見えるだろ。そう、その山だ。あそこには『シナ』っていう悪魔《あくま》が住んでるんだ。女の悪魔だよ。それでな、お前みたいな『白人』を見るとだな、嫉妬して取り憑《つ》いてしまうんだよ。そんなにひどいことはしないよ。ただの嫉妬だ」

自慢《じまん》じゃないですが、どちらかというと僕は色が黒い方だと思います。けれど彼らにしてみたら僕は「白人」の部類に入るようです。それはともかく、魔女に取り憑かれてしまいました。これは困ったぞ。だけど文化人類学者のヘンなところは、こういうとき、心のどこかで「ラッキー」と思っていることです。これで現地の文化の「舞台裏《ぶたいうら》」をのぞき見できるかもしれない。島の人たちだけが知る「本当の文化」に触れられるかもしれない。正直に告白すれば、そのときの僕も、気持ちが少し小躍《こおど》りしていました。

　この「シナ」のように、森にいる精霊《せいれい》のことをアネイチュム語で「インポセス」といいます。ときおり人間に悪さをしたり、場合によっては人を病気にしたり、死に至らしめることもできます。そうやって誰かが超自然的《ちょうしぜんてき》な力を呼び起こそうとすることを、文化人類学では「呪術《じゅじゅつ》」と呼びます。アネイチュム語では「ナランゲス」といい、呪術や呪術師のことを指します。

　だけど、ちょっと気にかかることがふたつありました。まずこのおじさんが、僕にいたずらした「シナ」のことを「女の悪魔《デビル》」と呼んだことです。「悪魔」？　島であまり耳にする表現ではありません。またこうした呪術とか薬草とか、そういった類《たぐ》いのものも島ではあまりなじみがありません。いろいろ訊《き》きたかったのですが、このおじさんは母がいないとわかると、「今日はシャワーを浴びるなよ」と言い残してすぐに帰ってしまいました（え、マジで？　唾とか、草とか、いっぱいついてるんですけど……）。

キリスト教の宣教師

その日の夜、父にそのことを話すと大笑いされました。

「ははは。たしかにそういうことを言うやつは、この島にもいるよ。だけど、俺はそういうものは信じちゃいないんだ」

「そういうもの」というのは、精霊とか呪術といった超自然的な力のことです。父はそれを「迷信」として笑って流そうとします。そしてその背景には、この島のちょっと特《とく》殊《しゅ》な事情が関係しているのです。

昔からヨーロッパの人たちは、キリスト教を全世界に布教しようと考えていました。太平洋地域に限ってみても、古くは16世紀にスペイン人のカトリック宣教師たちがこの海域を訪れています。ただ、しばらくの間、布教活動はあまりうまく進みませんでした。本格的になったのは大航海時代が終わり、ヨーロッパ諸国が植民地の獲得《かくとく》に躍起《やっき》になる18世紀末になってからのことです。

アネイチュムに宣教師がやってきたのはもう少し時代が下って、19世紀の半ば、１８４１年だといわれています。すでにキリスト教に改宗したサモア人数名がアネイチュム

ゲディがいた当時の教会跡は、今も現存している

にやってきて布教を試みたのですが、このときはあまりうまくはいきませんでした。その後、１８４８年にカナダから長老派教会のジョン・ゲディが、１８５２年にはスコットランドから同じく長老派教会のジョン・イングリスが来島しました。この二人が熱心な宣教活動を展開することに——そして島の運命を大きく変えることに——なります。

　島の人たちにしてみれば、新たにキリスト教を信じるということは、それまでの信仰《しんこう》を捨てることを意味します。僕にはあまり深い信仰心がないので、このときの島民たちの気持ちがよくわかりません。ある日突然、海の向こうからやってきた巨大《きょだい》な船。言葉も服装も肌《はだ》の色もまったく異なる人たち。彼らが手にしている、今まで見たことのない、布、鉄、ガラス。そして彼らが熱烈《ねつれつ》に勧《すす》めてくる「神」という存在。何を受け入れて、何を拒絶《きょぜつ》すればいいのだろうか。彼らはおおいに混乱したでしょう。

　実際、宣教師たちもそれまでの信仰を捨てるよう、島民たちに強く勧めました。あなたたちの信じている祖先の魂《たましい》や、岩や山に宿っている霊は全部ウソだ、と。あるとき、「神」を信じると決めたアネイチュム島民の呪術師が、改宗した証《あかし》にと、大事にしていた「秘密の袋《ふくろ》」を宣教師たちに差し出しました。そこには不思議な力が込められていて、それさえあれば人を病気にすることだってできました。宣教師たちは、大勢の聴衆《ちょうしゅう》の前でその「秘密の袋」を堂々と開けます。なかには褐色《かっしょく》の土くれ、噛み砕《くだ》かれた聖なる植物の葉、人間の髪《かみ》の毛、女性の服の切れ端《はし》、サトウキビなんかが入っていました。まだ改宗に踏《ふ》み切れていない島民たちは恐怖《きょうふ》を感じたでしょう。そんなことをすれば霊が怒《おこ》って、自分たちに何かよくないことをするんじゃないかと。だけど、数日たっても何も起こりませんでした。いつもと同じように魚も獲れるし、タロイモも順調に育っている。天気も崩《くず》れない。宣教師たちは得意げに言いました。「ほら、こうやって『秘密の袋』

を開けても、何も起こらないじゃないか。あなたたちの信じているものはニセモノなんだ」

西洋人の力とホンモノの「神」

ちょうど同じころ、海に目を向けると、太平洋にはたくさんの捕鯨船《ほげいせん》が往来していました（そのほとんどがアメリカの船でした）。当時、石油や灯油がまだ一般的《いっぱんてき》ではなく、ランプを灯《とも》していたのは鯨《くじら》からとれる油でした。その捕鯨のための基地がアネイチュム沖合の小島にあって、何人もの西洋人たちが住んでいました。アネイチュムの人たちは、この捕鯨基地の西洋人と頻繁《ひんぱん》に物々交換《ぶつぶつこうかん》を行っていたようです。タバコもナイフもアルコールも彼らとの交換で手に入れることができました。なかでも島民たちがいつも欲しいと思っていたのが銃《じゅう》でした。宣教師たちと違《ちが》い、捕鯨基地の西洋人たちだけがもっていた銃。アネイチュムの人たちは驚いたに違いありません。これさえあれば、人を一撃《いちげき》で殺すことができるのです。当時、島はいくつもの集団に分かれて戦争状態にあったので、島民たちはなんとかしてこの銃を手に入れられないかと思っていました。

このように、ヴァヌアツの他の島と比べると、アネイチュムは早い時期から西洋人との接触《せっしょく》をもっていました。そしてそれは、彼ら西洋人たちの圧倒的《あっとうてき》な力を知ることでもありました。銃や大砲《たいほう》を見せつける商人。よく治る薬をくれて、呪術師の「秘密の袋」さえ平気で開けてしまう宣教師。彼らの力はホンモノで、ひょっとすると彼らの信じている「神」もホンモノかもしれない。島の人たちはそう考えたのでしょう。改宗する人は日ごとに増えました。当時、島の人口は４００人ほどいましたが、そのほぼすべてがわずか20年足らずで改宗したとされます。そしてキリスト教へ改宗した島民たちは、ゲディらの指示に従って、今度は近隣《きんりん》の島に渡って布教活動を行いました。つまりアネイチュムは、キリスト教の宣教基地になったのです。

　この一連のできごとを今の島民たちは誇《ほこ》りに思っています。ゲディがキリスト教をこの島に伝えてくれて、自分たちの祖先がその福音のバトンを他の島々に手渡した。それまでの伝統的な信仰は手放してしまったけど、それは決して損な取引ではなかった。敬虔なクリスチャンでもある僕の父などはそう考えています。「昔々、俺たちのご先祖様は、人を喰《く》ったり、野蛮《やばん》なことをしてたんだよ。あははは」。１５０年前のこととはいえ、自分たちの風習を豪快《ごうかい》に笑い飛ばす彼の言葉の裏には、ちょっとだけ、よきキリスト教徒であることの誇りが見え隠れします。

そして、それまで彼らの信仰の中心にあって、島のあちこちに存在した「精霊」とか「魂」は、キリスト教の「神」の前では、すべてごちゃまぜに「悪魔」と呼ばれるようになりました。たしかにキリスト教の聖書にも悪魔は出てきます。それは神に逆らったり、人間をだましたりする存在です。もちろんアネイチュムの精霊は、こうしたキリスト教本来の「悪魔」とは異なります。しかし宣教師たちは当初、布教活動がうまくいかないのは、もともと島にあった信仰や呪術に原因があると考えました。精霊や呪術師が神様の邪魔《じゃま》をしているのだ。島の人々はやつらにだまされているのだ。そのせいで神様の言葉が、きちんと人々のもとに届かないのだ。彼らはそう思ったのです。だからアネイチュムの精霊とキリスト教の悪魔はもともと全然違うものなのですが、「神の邪魔をする」という意味で、宣教師たちはどちらも同じ「悪魔」だと考えたのです。

呪術の怖《こわ》さ

こういう事情があって、アネイチュムでは呪術はあまり一般的ではありません。それはもう捨て去ったはずの因習です。だけどなにかの折に、急に話題に上って僕を驚かせることがあります。

ある日のこと。アネイチュムでの調査を終えて、僕は首都のポートヴィラに戻ろうとしていました。空港で飛行機を待っていると、ばったりAさんと会いました。Aさんは恰幅《かっぷく》のいいおじさんで、顔は怖いけどとても優しくて、面白くて、みんなからの信頼《しんらい》も厚い人です。

「あれ、ポートヴィラに行くの？」僕は尋《たず》ねました。

「ああ、ちょっと用事があってな」

普段《ふだん》なら、もうちょっと話が弾《はず》むところです。首都で誰々と会うとか、こういうことをするとか。だけど、Aさんの言葉はどこか歯切れがよくありません。

Aさんとはポートヴィラの空港で別れ、僕は別の知り合いと会いました。そこでAさんのことを話すと「ああ、それは選挙だからだよ」という答えが返ってきました。選挙？

どうやらAさんは今度の選挙に立候補するようです。人望のあるAさんなら当選するかもしれない。たぶんまだ大っぴらには言えないけど、政党の事務所に行ったり、エラい人に後援《こうえん》をお願いしたり、そういう「選挙活動」をしているのだろうと思っていました。

ところが別の日に、他の知り合いから聞くところによると、どうやらそうでもなさそうです。Aさんは対立候補を支持している人からの呪術を避《さ》けるために、島を離《はな》れ首都に一時避《ひ》難《なん》しているというのです。みんなから慕《した》われるAさんに「敵」がいたのも驚きですが、なによりこんな話のなかに「呪術」という言葉が出てきたことに虚《きょ》を突《つ》かれました。

「え？　呪術？　そんなことがあるの？」

「よくわかんないけど、島ではたまにそういうのがあるんだよ」

「誰が呪術をかけることができるの？　僕は全然知らないけど」

「そりゃそうさ。そんなの人に言うわけがない。俺らだってよく知らないよ。けど、○○とか、××は呪術をかけることができるって噂《うわさ》だ」

「呪術って、どうやってかけるの？」

「知らないよ！」

こうやって文化人類学者は、現地の人に根《ね》掘《ほ》り葉《は》掘《ほ》り訊《き》いて疎《うと》まれることがあります。気をつけないと……。

いずれにせよ、時折、こうやって呪術が話題に上ることがあります。不幸が続いたり、病気が治らなかったりすると、「これはひょっとすると呪術かもしれない」「霊に取り憑かれたのかもしれない」と疑うのです。

そして、彼らはそれを恐《おそ》れています。たしかに「霊が怖い」とか「呪術が怖い」というのはあるでしょう。しかし、それだけではありません。むしろ彼らの恐怖の根本には「よくわからなさ」が横たわっています。「誰が仕掛《しか》けているのかわからない」「治し方もわからない」、そもそも「霊が何かもよくわからない」のです。

だけど、呪術や霊を「よくわからないもの」にしたのはキリスト教でした。新しい「神」を信じたから、呪術がすみっこのほうに追いやられたのです。それぞれ違った顔や名前をもっていたかつての精霊たちが、全部ひとまとめに「悪魔」として記憶《きおく》の片隅に捨て置かれたのです。そう考えると、呪術や霊をより恐ろしいものにしたのは、「そんなものはウソで、全然怖いものじゃないよ」と言い続けたキリスト教だったのかもしれません。

よくわからないもの

話をもとに戻しましょう。ある日突然、僕の身体に変調がみられました。全身が腫れ、瞼《まぶた》は下がり、耳からは膿が垂れてきました。そして、近所のおじさんが「女の悪魔」の仕《し》業《わざ》だと言って、僕に（薬草とたくさんの唾を吐きかける）「治療《ちりょう》」をしてくれたのでした。

不思議なことに、それ以降、身体の腫れはひいていきました。

ここからは後《ご》日《じつ》譚《たん》になります。

帰国後、この話を他の文化人類学者に話したことがあります。彼は「それはマンゴーのアレルギーじゃない？」と分析《ぶんせき》しました。たしかに当時の日記を読み返すと、唇のかゆみが出始めた時期とマンゴーを食べ始めた時期は重なりましたし、復調し始めた時期とマンゴーの季節が終わる時期も合致《がっち》しました。だからおじさんの「治療」が効いたのは、たまたまだったのかもしれません。逆にいえば、もしマンゴーの季節が終わる時期と施薬所に行った時期が重なれば「薬が効いた」ということになり、教会を訪れた時期と重なれば「聖書が効いた」ということになります。なるほど、種明かしをすれば意外とあっけないものです。

だけど、この話には後日譚の後日譚があります。あれから何度かヴァヌアツでマンゴーを口にしているのですが、実はしびれもかゆみも腫れも出ていないのです。「よくわからないもの」は恐怖を生みます。

column

観光業と生活の変化

日本人にアネイチュム島の暮らしを伝えるときに一番苦労するのがお金のこと。もちろんヴァヌアツにもお金はあります。「ヴァツ」というこの国独自の通貨もあります。ただ日常生活のなかであまり必要ではなくて、自給できないものを買うときにだけ使うことになります。例えば乾電池《かんでんち》やトイレットペーパー、洋服、子どもの学費、カップラーメンや缶詰《かんづめ》など。これらを買うには、どうしても現金が必要になります。

近年、アネイチュムに観光クルーズ船が頻繁に来島するようになりました。彼らにしてみれば、観光客相手におみやげ品を売ったり、歌やダンスを披露《ひろう》して、現金を稼《かせ》げるいいチャンスとなっています。しかし観光業の盛況《せいきょう》さは、他方で新たな混乱を生んでいます。みんな多忙《たぼう》になり、畑に行けない日が増えました。そして現金経済にシフトすることが、自分たちのライフスタイルを大きく変えてしまうのではないかという危惧《きぐ》も出始めました。

アネイチュムの生活は、今、再び岐路《きろ》に立たされているのかもしれません。

福井栄二郎（ふくい・えいじろう）

１９７３年、兵庫県生まれ。神戸大学大学院総合人間科学研究科博士課程修了。社会人類学、オセアニア地域研究。主な著書（単著）に『共在する人格』（春風社、２０２４）。また共著として『現代日本の「看取り文化」を構想する』（東京大学出版会、２０２２）、『北欧ケアの思想的基盤を掘り起こす』（大阪大学出版会、２０１８）、『交錯と共生の人類学』（ナカニシヤ出版、２０１７）、『多配列思考の人類学』（風響社、２０１６）など。

6　中央オーストラリアの人喰《ひとく》いマムー

平野智佳子（国立民族学博物館）

過酷《かこく》な砂漠《さばく》地帯

オーストラリアの中央部に広がる荒涼《こうりょう》とした砂漠地帯には、恐《おそ》ろしい人喰い怪物《かいぶつ》が生息しています。そこは、年間降水量が約25ミリメートル、降水日数は約30日のきわめて乾燥《かんそう》した土地です。この灼熱《しゃくねつ》の大地に5万年以上、暮らしている人びとがいます。彼《かれ》らは今日では「アナング」と呼ばれる先住民です。調査のためこの地に訪れた私はアナングと寝食《しんしょく》をともにするようになりました。

砂漠地帯での調査は過酷です。まず日本のおよそ6~7倍といわれる強い紫外線《しがいせん》がジリジリと皮膚《ひふ》につきささります。温度変動は大きく、昼間は乾燥した熱風が砂とともに

中央オーストラリアの砂漠

舞《ま》い上《あ》がり、夜は氷点下の風がうちつけることもあります。フロンティア期には何人もの冒険家《ぼうけんか》が命を落としたため「デッド・ハート（死の中心）」という異名がついたほどです。

　アナングは、先祖から受《う》け継《つ》いだ知恵《ちえ》とスキルを駆使《くし》して、この過酷な大地で生活してきました。それは、狩猟採集《しゅりょうさいしゅう》を基盤《きばん》とした移動生活でした。彼らは動植物や水のありかを十分に把握《はあく》しており、必要な資源を求めて移動しました。移動の際に持ち運びするものはほとんどなく、茂《しげ》みや洞窟《どうくつ》の中など、適当な場所をみつけて眠《ねむ》りにつきました。今では電気や水道など、インフラの整った村が各地に設立され、定住化が進んでいますが、こういった知恵とスキルは暮らしの中の様々な場面で活用されています。急激な環境《かんきょう》変化にその場と状況《じょうきょう》にあわせて適応してきた彼らは、驚《おどろ》くほど柔軟《じゅうなん》でたくましい人たちです。

ところが、そんな彼らにも恐れるものがあります。それが「マムー」です。名前はかわいらしいですが、その名を呼ぶとみな、顔をこわばらせます。なぜならマムーは人に危害を及《およ》ぼし、その魂《たましい》を食《く》い尽《つ》くす怪物で、破《は》壊的《かいてき》な力そのものだからです。マムーは人、犬、猫《ねこ》、カンガルー、鳥、火の玉、自動車などあらゆるものに変身することができます。いつも肉に飢《う》えていて、人を殺して食べようとするマムーは、中央オーストラリアではきわめて恐ろしい存在として知られています。

人喰いマムー

私がマムーの名前をはじめて耳にしたのは、２０１４年、中央オーストラリアのアナングの村での調査がはじまってしばらくたってからでした。当時、私は人口約１５０人の小さな村の一角にあるアナングの家屋で住《す》み込《こ》み調査をしていました。日本からやってきた私や私の部屋にあるものが目新しかったのか、たくさんの子どもが遅《おそ》くまで出入

夜に部屋に集まってくる子ども

りしていました。

8月のある晩も、10歳《さい》の女の子が部屋に遊びにきて、いつものようにおしゃべりをしながらお絵《え》描《か》きを楽しんでいました。

ところが、その夜はいささか様子が違《ちが》いました。午後10時をすぎ、そろそろお開きと思った頃《ころ》、突然《とつぜん》、家の外でたくさんの犬が一斉《いっせい》にほえはじめました。アナングの村ではたくさんの犬が飼われています。私が暮らしていた家屋でも屋外で6～7匹《ひき》の中型～大型犬が飼われていました。その犬たちが家の外で異様なまでにほえているのです。来訪者かと気になった私は外を確認するために窓辺のカーテンを開けようとしました。しかし、女の子はその手を強く引っ張り、布団《ふとん》の中で寝《ね》たふりをするように言いました。そして、しまいには戸惑《とまど》う私を置いて、頭から布団に潜《もぐ》り込《こ》んでしまいました。私はわけがわからないまま、その勢いに飲まれて、素早《すばや》く布団をかぶりました。

状況が理解できない私は、布団をかぶったまま彼女《かのじょ》に近づき「酔《よ》っ払《ぱら》いに犬がほえてるだけじゃないの？」とこそこそ話を続けました。すると彼女は声をひそめて「犬のほえ方がいつもと違うし、ここは酔っ払いが通らないところよ」と言いました。酔っ払いが通らないかどうかは別として、たしかにこれまで聞いたことのない犬の騒《さわ》ぎ方《かた》でした。正直なところ、それが異常かどうかは新参者の私にはよくわかりません。ただ、ずっとその村に暮らす彼女がそう断言するならそうなのだろうと思いました。彼女はその来訪者を「マムー」と呼びました。犬たちが静かになるまで、私と女の子はしばらく布団の中に潜り込んだままマムーの話を続けました。

マムーが村に訪れた話は子どもたちの間に瞬《またた》く間に広まりました。次の日、目撃者《もくげきしゃ》のひとりである私は、どこに行ってもその不可解な出来事について問われ、何度も詳細《しょうさい》を語ることになりました。これほどまでに怖《こわ》がられているマムーとは一体、何者なのでし

ょう？　その説明は一通りではありませんが、子どもたちの話をまとめると次の通りで
す。
　マムーは人間のような姿かたちをしているけど、明らかに人間ではない。マムーは言
葉を発しないが、人間の言葉や動物の鳴き声をまねることができる。人肉に飢《う》えている
マムーは闇《やみ》の中から現れて、人をさらい、その肉をむさぼり食う。マムーは子どもの肉
を特に好む。マムーにさらわれた子どもは戻《もど》ってこない……。
　マムーは普段《ふだん》は人里離《はな》れた茂みの中にいるけれど、たまに村にやってくることもある
と言います。その夜はまさにマムーの訪問日だったようです。子どもたちは声色《こわいろ》をかえ
て「あのカーテンを開けたらマムーが立っていたにちがいない。そして、私たちはどこ
に連れ去られていただろう」と語ります。そのおどろおどろしい語り口に私がぎょっと
した表情をみせると、子どもたちはどことなく満足気な様子です。マムーは子どもたち
にとって脅威《きょうい》であると同時に、刺激的《しげきてき》でわくわくさせる存在でもあるようです。

砂漠に消える人びと

　私は調査地ではじめてきく怪談《かいだん》に興味津々《きょうみしんしん》でしたが、マムーが人をさらうというのはにわかに信じがたいことでもありました。なにせその実物に出くわしたことがないからです。私にとって、実際に見たことがないものを信じるのは難しいことでした。ですが、アナングの人たちによると、中央砂漠では、毎年多数の行方《ゆくえ》不明者がでているそうです（２０２１年の統計によると行方不明者は20名ほどでした。遭難死《そうなんし》を含《ふく》めるとその数はさらに増えます）。姿を消すのは、たいてい幼い子どもだと言います。幸い私の暮らしていた村では、そういった事件は起こっていないようでしたが、子どもがいなくなったというニュースをみかけると、マムーの存在が現実味を帯びてきます。

　最近も近郊《きんこう》の先住民の村で子どもの失踪《しっそう》事件が起こりました。２０２１年4月、中央砂漠のとある村で4歳の少女が行方不明になりました。両親のすぐそばで遊んでいた少女は、突如《とつじょ》姿を消しました。警察のみならず、家族も親族も必死になって少女を捜《さが》しましたが、残された手がかりはまるでなかったそうです。アナングは狩猟が得意で、灌木《かんぼく》が生い茂る藪《やぶ》の中ですら獲物《えもの》の足跡《あしあと》を発見し、とらえることができます。そんな彼らでも、幼い少女の痕跡《こんせき》を何ひとつみつけられなかったというのは驚くべきことです。中央砂漠のような過酷な土地では行方不明になると、すぐに最悪の事態が想像されます。厳しい状況に捜索《そうさく》は急がれました。

幸い、2日後に少女は郊外の茂みの中で無事に発見されました。少女は村から8キロも離れた地点に犬と一緒《いっしょ》に座りこんでいたそうです。軽い脱水症状《だっすいしょうじょう》のみで健康状態に異常がなかったため、家族も親族もほっと胸をなでおろしました。ただし、4歳の女の子がどうしてそんな茂みの奥深《おくふか》くにまで行ってしまったのか、幼い少女の記憶《きおく》はあいまいで、詳細は語られないままです。まさに真相は「藪の中」です。

マムーを語る人びと

中央砂漠では、こうした不可解な事件が度々《たびたび》起こります。事件をめぐる「なぜ？」「どうして？」は多くの場合、「マムーの仕業《しわざ》」という語りに回収されます。マムーは日常の中のあらゆる不思議に関連づけられます。そして、その物語は、人びとの会話の中でたえず重ねられていきます。その会話の展開は次のようです。

ある男性は、茂みの中に車のライトのようなものを見たと話します。しかし、それは近づくと消えてしまったそうです。すると彼の妻は、最近、顔のない、長いマントを着た男を見たと語ります。他の女性も、車の運転中にマムーが「おぉぉ……」と叫《さけ》ぶのを聞き、彼女の6歳になる息子もそれを聞いたと言います。60代の女性は、子どもの頃、兄弟が寝静まった直後に赤い火の玉を見たことを覚えていると語ります。続いて、70代の女性は、父親が幼い頃、男たちと狩《か》りに出かけた時に、巨大《きょだい》な犬の姿をしたマムーが近づいてきたという記憶を語りだします。

このように様々な人びとの記憶が語りとともに重ねられ、実体不明のマムーは次第に大きな「真実」となります。この物語化のプロセスは、アナング独自の歴史実践《じっせん》に由来するものです。アナングは家族や親族が語る物語の中にリアリティを見いだします。文字を持たないアナングは、こうした口頭伝承によって自分たちの世界を創造し、維持《いじ》してきました。彼らは物語を重ねていくプロセスで、自らの歴史を経験します。その歴史観は、過去から未来といった直線的な時間の流れの中に位置づけられる歴史観とはまったく異なるものです。アナングの間では、情報が拡散され、紡《つむ》がれ、物語が形づくられ、次第に「真実」として共有されていきます。つまり、マムーは大きな物語の中に息づく怪物と言えるでしょう。

情報交換を通じて、歴史を経験するアナングの語りは果てることなく続きます。語りの対象となるのは、動植物にかぎりません。この世のありとあらゆるものがマムーのイメージの源泉となりえます。例えば、8歳の少年は、スーパーマーケットの「スター・ウォーズ」のポスター広告をみつけた時、長い耳を持つ灰緑色っぽい生き物（「スター・ウォーズ」の主要な登場人物で、「ヨーダ」と呼ばれる人気のジェダイ・マスターのひとり）を指さし「マムーがいる！」と叫んだそうです。得体のしれない何者かとの出会いも、人びとのイメージを活性化させ、新しいマムーの出現につながります。60代の女性は、はじめて白人に出会った時にマムーだと思い、白人が乗ってきたラクダを見た時もマムーだと思って驚愕《きょうがく》したと語っています。

変幻自《へんげんじ》在《ざい》

様々な語りの渦《うず》の中に生まれ、成長していくマムーは、変幻自在です。ある時は火の玉、ある時は動物、ある時は自動車にもなります。何にでもなれるマムーは、アナングの目の前でも、その姿を次々と変化させます。マムーの様相に関して、古老は次のように語ります。

若い頃、私はここからそう遠くないところで、一人でカンガルーを狩りに出かけていた。まだ若かったので、狩猟犬を飼うことができなかった。私は槍投《やりな》げ器《き》と槍を用意して、草むらにしゃがみこんでいるカンガルーに槍を突《つ》き刺《さ》した。槍が前足に刺さった瞬《しゅん》間《かん》、カンガルーは黒い犬に姿をかえた。その犬は私に同情してほしいのか、傷ついた前足を持ち上げて、私に向かって飛《と》び跳《は》ねてきた。私は槍を捨てて逃《に》げた。その瞬間、犬は本性を現した。それはカンガルーでも犬でもなく、私をだまそうとしたマムーだったんだ。その耳は長く醜《みにく》く伸《の》びはじめ、舌は口から垂れ下がり、目は真っ赤になった。

古老は、かつての出来事を今あったことのように生き生きと語ります。目の前でマムーがカンガルーから犬、犬から恐ろしい怪物へと変身を繰《く》り返《かえ》すとしたら、どんなに恐ろしいことでしょう。ホラー映画さながらの光景です。古老はマムーの正体に気づいたため、寸前のところで攻撃《こうげき》をかわすことができたと言います。それでもキャンプ地に戻った後、腕《うで》のあちこちにクモが皮膚の下をはっているような、じりじりとした痛みを感じたそうです。幸いにも古老は、伝統的な治療者《ちりょうしゃ》であるナンガリの手当てを受け、事なきを得たそうですが、多くの場合、マムーが近づいてきても、それをマムーだと気づくのは難しいでしょう。マムーは人の心を読み、相手の警戒心《けいかいしん》を解くように工夫するからです。マムーの中には親しい人になりかわり、その声色をまねることができる者もいます。マムーはそうやって人をだまして、油断させ、いきなり襲《おそ》いかかってくるのです。

加えて、マムーの性格は獰猛《どうもう》で残酷《ざんこく》です。身近な何者かに姿をかえて、そばに忍《しの》び寄ってきた頃にはもう手《て》遅《おく》れです。肉を食いちぎられ、命を落とします。これまで数多くの人びとが餌《え》食《じき》になってきました。こうした語りはマムーが存在することの証拠《しょうこ》として拡散され、その情報はマムーにさらなる経験的なリアリティを与《あた》えます。アナングの中にはマムーを夢に見て、その気配を感じ、呼び声を聞き、そこから逃《のが》れ、人びとに語っているうちに病気になってしまう人もいると言います。マムーは人の心の中に忍び込み、内在化され、その健《すこ》やかな魂を次第に蝕《むしば》んでいくのです。

成長し続けるマムー

人びとはマムーに精神を破壊されることを恐れています。しかし、マムーを自らの世界から消し去ることはできません。なぜならマムーは妬《ねた》みや嫉《そね》みといった人間のネガティブな感情を食らう怪物と考えられているからです。人間の欲望は無限で、制御《せいぎょ》することが困難です。自分の欲したものを次から次へと貪《むさぼ》り求める人間を体現するかのごとく、マムーは食いたいと思うものを食い続けます。欲に渦巻く人間の世界で狂暴化《きょうぼうか》していくマムーは、人びとに強い恐怖心《きょうふしん》をもたらします。

その恐怖心をも成長の糧《かて》とするマムーは、破壊力の衰《おとろ》えることのない最強最悪の怪物と言えるでしょう。その存在を唯一《ゆいいつ》、脅《おびや》かす可能性があるのは近代科学やキリスト教といった西欧《せいおう》諸国由来の概念《がいねん》かもしれません。これらの概念は、超自然的《ちょうしぜんてき》な力を取り除くべき迷信として扱《あつか》い、先住民の神話や信仰《しんこう》の世界を根底から覆《くつがえ》すものです。もしアナングの精神世界がこれらの概念にとって代わられたら、マムーのリアリティも損《そこ》なわれるはずです。

これらの西欧諸国の概念は、20世紀初頭に中央砂漠にもたらされました。オーストラリアにイギリス系白人が訪れたのは１７８８年です。入植が開始されたのは気候のよい沿岸部が中心で、地理的条件の厳しい中央砂漠は長い間、放置されていましたが、20世紀にはいると牧畜地《ぼくちくち》の拡大のために本格的な開拓《かいたく》が進められ、アナングと白人との接触《せっしょく》の機会が増えていきました。

中央砂漠に訪れた白人の開拓民は、アナングの暮らしに様々な物資をもたらしました。同じ頃、キリスト教の長老派の宣教師らも訪れ、熱心な布教活動をおこないました。アナングは宣教師らが持ち込む西洋の物資に惹《ひ》かれ、教会の周辺に留《とど》まるようになり、キリスト教を信仰する者も次第に増えていきました。

ところが、西欧諸国から開拓民や宣教師らが入ってきてからも、マムーが姿を消すことはありませんでした。その理由は大きく二つあげられます。一つ目は、当時、中央砂漠で布教を進めていたキリスト教宣教師らがアナングの生活に過度《かど》に干渉《かんしょう》しないように注意を払っていたからです。当時、沿岸部では、入植者によって先住民が虐《しいた》げられ、文化や言語を失うという悲惨《ひさん》な状況に陥《おちい》っていました。このことを嘆《なげ》いた長老派の宣教師らは、開拓のほとんど進んでいなかった中央砂漠に暮らすアナングを「最後の先住民」として保護しようとしました。彼らはアナングに西洋の生活様式や言語を強制したり、

砂漠の怪異はYouTubeでも紹介されている

押しつけたりしなかったため、宣教師らが訪れた後も彼らの伝統的な慣習や儀《ぎ》礼《れい》は中断されることなく保たれました。

二つ目は、アナングが自らの社会と文化を維持するように、故地に回帰する取り組みをはじめたからです。白人入植以降、押《お》し寄《よ》せる近代化の波に、多くのアナングが興味を示すとともに、警戒心を持ちました。その背景には先祖代々受け継がれてきた土地の荒廃《こうはい》があります。外部社会との接触を機に自分たちの生き方を忘れ、退廃的《たいはいてき》な生活を送り、土地の世話を怠《おこた》る人たちがでてきたのです。子どもたちのために健全な世界を残したいと願う人びとは、それまで先祖がしてきたように、自らの経験を語り、伝え、家族や土地とのつながりを保つことの重要性を説くようになりました。こうした取り組みの中で、アナングの世界観は維持され、あらゆる生なるものと同様に、マムーも存在し続けています。

さらに、昨今の情報通信技術の発達、つまりＩＣＴ化によって、マムーの存在感はますます高まっています。ＳＮＳは人びとの物語をより広く流通させ、マムーの存在をより鮮明《せんめい》にします。最近ではマムーの動画がYouTubeやTikTokなどで拡散され、デジタル機器の画面越《ご》しに人びとに襲いかかってくるという新たな怪異現象を生み出してもいます。

ＩＣＴ化の進む中央砂漠では、日本でよく知られるホラー映画「リング」シリーズ（このシリーズでは、貞子《さだこ》の「呪《のろ》いのビデオ」を見た人が24時間後に突然死します）のように、マムーの呪いが画面越しに次々と感染して、人びとを死に至らしめるという噂《うわさ》が流れています。マムーは脅威の対象であるがゆえに、人びとの心を摑《つか》み、離しません。その表裏一体《ひょうりいったい》の魅力《みりょく》から、デジタル世界の中でも自らの存在感を高め、より強靱《きょうじん》な怪物へと成長しています。

脅威に立ち向かうアナングの知恵

キリスト教や近代科学も取り込み、よくも悪くも人びとを魅了《みりょう》し続ける怪物マムー。その脅威から逃れる術《すべ》はあるのでしょうか。オーストラリアの中央砂漠ではマムーが入ってこないように、アナングの村のいたるところに工夫が施《ほどこ》されています。マムーを追い払うには犬が効果的です。アナングの村で飼われている犬は、マムーが現れると大声でほえはじめるのだと言います。アナングの村では、どこにでも犬がいて、マムーが来たら知らせてくれます。中央砂漠のとある村で行方不明になった4歳の少女が助かったのも犬がそばにいたため、難を逃れたのではないかと噂されています。

また、マムーは光にも弱いと言います。アナングの人びとにマムーから逃れる方法を尋《たず》ねると「奴《やつ》は明るいのが嫌《きら》いだから、ライトアップしたらいい」と教えてくれます。アナングの村では、新しく建てられた家の電飾《でんしょく》を指さし、「ほら、あの家は夜でも明るくしてるだろう。あれはマムー除《よ》けだ」と教えてくれる人もいます。たしかにクリスマスを彷彿《ほうふつ》とさせるような派手なライトアップです。電飾がにぎやかなのは家主の性格もあるように思いますが、その家屋以外にも、玄関《げんかん》やベッドのそばに電球を設置している家が多数あるので、夜間点灯で安心して眠れる人が一定数はいるようです。

さらに、イエス・キリストを思い浮《う》かべるとマムーが立ち去ると言う人もいます。中央砂漠では、宣教師らがアナングの文化に理解を示したこともあり、両者の関係は良好で、多くのアナングがキリスト教を信仰しています。アナングは自分たちの生活に即《そく》したかたちで新たなキリスト教を生み出しました。そんなアナングが窮地《きゅうち》に追い込まれた時に、イエス・キリストを思い浮かべるのは何ら不思議なことではありません。人びとの話によると、ゴスペルソングを心の中で繰り返すのが、「魔除《まよ》け」ならぬ「マムー除け」として非常に有効だそうです。

万が一、マムーに襲われてしまった場合には、伝統的な治療者であるナンガリに助けを求めるという手も残されています。ナンガリは特別な力を持ち、村の異変に即座《そくざ》に気づき、マムーを追い払うことができます。ナンガリはマムーが災《わざわ》いをもたらさないように、常に村を見守ってくれる心強い存在です。私が調査地でお世話になったナンガリは、マムーに襲われないようにするには、人が孤立《こりつ》した状態を作らないことが大切だと教えてくれました。マムーは独りぼっちの人を狙《ねら》っているので、マムーに目をつけられ、連れ去られないように、互《たが》いに助け合って生きることが肝要《かんよう》なのだとナンガリは言います。

個人主義が台頭する現在、このナンガリの言葉は深く心につきささります。人間の欲望が渦巻く世界では、マムーはどこにでも変幻自在に現れます。マムーの脅威が身近に迫ってくるからこそ、他者との関わりがより一層、重要視されます。私が子どもたちと身を寄せ合ってしたひそひそ話のように、語らいはマムーのリアリティを高め、恐怖をあおるものですが、それは同時に、他者との連帯を深め、マムーが呼び起こすあらゆる困難に立ち向かう力を生み出すのだとナンガリは私たちに教えてくれます。つまり、オーストラリアの先住民アナングのマムーをめぐる怪異は、その語りが恐ろしければ恐ろしいほど、互いに助け合う豊かなコミュニティを再生させる可能性に満ちているのです。

column

真夜中の来訪者

ある晩、私は窓際《まどぎわ》のベッドで眠っていました。未明、コンコンと扉《とびら》を叩《たた》く音に目が覚めました。そばで眠っていた家人が対応するだろうと知らぬふりをしますが、扉を叩く音が強まります。通常なら気づくだろう音ですが、家人は寝息をたてています。こんな時間に誰《だれ》？　外を確認したい衝動《しょうどう》にかられます。カーテンに手を伸ばした瞬間、今度は窓がカタカタと揺《ゆ》れました。相手はすぐそこにいるようです。まさかマムー？　怪物の姿が頭をよぎり、布団に潜り込みました。窓のカタカタ音は続きます。犬はほえません。私は「マムー除けだ！」と心の中でゴスペルを熱唱します。一瞬、カタカタ音がやみますが、再び窓が叩かれます。私は好奇心《こうきしん》に身をゆだね、ついにカーテンをめくりました。そこに立っていたのは、宴会《えんかい》帰りの近所の酔っ払い男性。タバコをもらいにきたと満面の笑みです。そんな理由でこんな時間に？　ドキドキして眠れません。砂漠の夜の来訪者はマムーでなくても厄介《やっかい》です。

平野智佳子（ひらの・ちかこ）

専門は文化人類学。オーストラリアの中央砂漠を中心にフィールドワークに基づく研究をおこなっている。主な研究内容は、アボリジニの飲酒、アート。主な著作として「分配行為にみるアナングのやり方——オーストラリア中央砂漠アボリジニのキャンバス販売と酒の購入資金の獲得の分析から」（『文化人類学』86巻2号、２０２１）、『酒狩りの民族誌——ポスト植民地状況を生きるアボリジニ』（御茶の水書房、２０２３）。

7　幼児の死、呪詛《じゅそ》と猫《ねこ》殺しと夢見

奥野克巳（立教大学異文化コミュニケーション学部教授）

ボルネオ島・カリスのフィールドワーク

１９９４年1月から１９９５年12月までの24か月間にわたって、私はインドネシア・西カリマンタン州（ボルネオ島）のインドネシア最長の大河カプアス河の上流に注《そそ》ぎ込《こ》むカリス川流域で、焼畑稲作《やきはたいなさく》を営むカリスの村に住み込んで、文化人類学のフィールドワークを行いました。ある朝起きたら眩暈《めまい》がして立ち上がれないことがありました。家の前を通った女性シャーマンを呼んでみてもらうと、彼女《かのじょ》は、「今朝水浴びに川に行った時、最近死んだお爺《じい》さんに声をかけられた」のだと言いました。そのために眩暈が起きたのだと言うのです。「いや、眩暈でどこにも行ってない」と言って私が怪訝《けげん》な顔を

カリスの家族

すると、シャーマンは「おまえの魂《たましい》が川に行ったんだ、そこで死者と交流したんだよ」と言って、唱えごとをしながら私の頭をさすってくれたのです。

カリスにとっては、私たちが生きているこの同じ時空に、祖霊《それい》や邪霊《じゃれい》を含《ふく》め、様々な精霊が住んでいて、時々悪さをしたり、悪気がなくても人間に病気や怪我《けが》や死などの災《わざわ》いをもたらしたりすることがあるのです。精霊と人間の世界は逆になっています。精霊は、人間とは反対に昼間に寝《ね》ていて、夜に活動をすると言います。カリスは、いつもそんな話をしているため、私はすっかり影響《えいきょう》され、精霊の実在性《じつざいせい》を信じるようになりました。そのあまりとうとう、しばらくの間、夜中に独りで小用に行けなくなってしまいました。

以下では、私自身が経験したひとつの怪異《かいい》現象を紹介《しょうかい》してみようと思います。

幼児の急病

フィールドに入って半年ほどが過ぎた１９９４年10月末のある日の午前11時頃《ころ》のことです。近隣《きんりん》から人々の泣き声が聞こえてきました。泣き声のする方に向かっている人たちに尋《たず》ねると、アニャン（四十歳《さい》）の幼児が血を吐《は》いて、顔が黒く変色して、死にかけているということでした。駆《か》けつけると、アニャンの家の周囲には、たくさんの人が集まっていました。

家の中には、幼児を抱《だ》いたアニャンの妻であり幼児の母のガラが、床《ゆか》の上にしゃがみ込んで、「子どもの意識がない！」と泣《な》き叫《さけ》んでいました。私が見た時には、その男の子は目を閉じたままで、顔面が蒼白《そうはく》でした。

暫《しば》くすると、誰《だれ》かが呼びに行ったのでしょう、近隣に住むミアンという名の女性シャーマンが男の子の容体を見にやって来ました。母親ガラは、シャーマンが来てくれたたため、その処置をあてにして、一瞬《いっしゅん》泣き止《や》んだようでした。ところがミアンが幼児の身体《からだ》を軽く一回なでただけで、何も言わずにふいに立ち上がって家から出ていったのを見て、治療《ちりょう》を放棄《ほうき》されたことに落胆《らくたん》を隠《かく》せなかったのでしょう、ガラは以前にもまして一層大きな声を張り上げて、泣きじゃくったのです。

戸外に出たミアンは、幼児の病《やまい》は何であるのかと人々から尋ねられました。彼女は、幼児の病は、数日前に行った共同体の儀礼《ぎれい》のタブーを家族の誰かが破ったことに関係していることをほのめかしたようです。ミアンは、幼児の家族が、禁忌《きんき》とされた「酸《す》っぱい果実」を食べたことが、その子の急病の原因だろうと述べたのです。このシャーマンの言葉は、すぐに家の中の家族にも伝えられました。

幼児の様子がおかしくなった時、父親のアニャンは畑仕事をしていました。呼《よ》び戻《もど》されて、駆け戻って来たアニャンは、幼児を一瞥《いちべつ》するや、台所からガラスの皿を持ち出してきました。自分の着ていたシャツを脱《ぬ》いで、それでガラスの皿をくるみました。それを、幼児の頭の真上に持って行き、砥石《といし》で勢いよく叩《たた》き割ったのです。鈍《にぶ》い音がしました。それは、人間と反対のものを美しいと感じる精霊に、割れたガラス皿をもって自らの住む場所におとなしく帰ることを願ってなされたものでした。

この行動に続いてアニャンは、庭から雛鳥《ひなどり》を持って来させました。アニャンは、雛鳥の足をつかんで、それをふたたび、幼児の身体の上に持って行きました。小さな声でしたが、彼《かれ》は、邪悪《じゃあく》な精霊がその場から立ち去るよう唱えながら、雛鳥を幼児の頭の上で振《ふ》り回《まわ》しました。

直後、アニャンはその雛鳥の喉《のど》を竹で切って殺したのです。アニャンの義姉《ぎし》が、米粒《こめつぶ》の入った皿の中にその血を受けて、混ぜ合わせました。彼女は、その皿を持って物干し場に出て、そこから外に向かって大きな声で、精霊が、幼児のもとから立ち去って、おいしい「なまの」食べ物を持ち帰るように祈願《きがん》しながら、左手で血の混ざった米粒をあたりに撒《ま》き散《ち》らしたのです。

家の中では、母ガラが、幼児の頭頂部のあたりにしきりに息を吹《ふ》きかけていました。息を吹き入れて、幼児の身体が元通りになるのを願ってのことです。それと同時に、母子の前でハーブが燃やされ、その煙《けむり》が母子になびくように扇《あお》がれました。邪霊の毛嫌《けぎら》いする、人間にとってのいい匂《にお》いを病者の身体の中に送り込んで、身体から邪悪な精霊を退散させようとしたのです。父親アニャンは母子から距離《きょり》を置いて、遠巻きに幼児の容体を見守っていました。

こうした一連の儀礼が行われている間、母親に抱きかかえられた幼児は、息をしているのかどうかさえ見た目にははっきりでないくらいぐったりしていました。幼児の容体がとても危険なものであり、目の前に死が迫《せま》っていることは誰の目にも明らかでした。暫くして最早《もはや》することがなくなったと考えた村人たちとともに、私は帰路につきました。

ところがあたりが暗くなっても、幼児の死の知らせはもたらされませんでした。懐中《かいちゅう》電灯であたりを照らしながら様子を見に行くと、幼児はいまだに高熱ではあったのですが、いくぶん容体を持ち直していました。アニャンと彼の兄弟は、昼間に立ち寄ったミアンというシャーマンの言葉を振り返りながら、幼児の病は何らかの精霊の仕業《しわざ》であるに違《ちが》いないと語り合っていました。

シャーマンによる儀礼の放棄

翌朝早くアニャンは、シャーマンを呼んでその日の夜に、儀礼をすることを決めました。その朝、アニャンの二人の弟がカリス川の上流の村に、イピットという女性のシャーマンを連れてくるために発《た》ちました。ミアンが近隣に住んでいるのですが、最近は儀礼を行っていないため、イピットが選ばれたようでした。夕刻イピットがアニャンの家に到着《とうちゃく》した後、シャーマンによる儀礼が始められたのです。

暫くして、シャーマンはその場に先ほど、「雌《めす》の回虫」とその夫の「毛虫」が座っていたことを明らかにしました。彼女は、毛虫と回虫の夫婦の精霊が、幼児の急病に関わっていると見立てたのです。

真夜中になりました。母親であるガラは、別室から子どもの様子が何だかおかしいと、奇妙《きみょう》なトーンで訴《うった》えかけてきました。すぐさまイピットは、部屋の中に入って、母親の手から幼児をもぎ取るようにして連れ出しました。抱きかかえて、唱えごとをしたのですが、その唱えごとのトーンが変わったように思った瞬間《しゅんかん》、イピットは幼児をゆっくりと床に横たえたのです。

幼児は小刻みに身体を揺《ゆ》らし、不自然に手足をばたばたと動かし、目をぐるぐると回転させました。その目の回し方は、次第に異様なくらい速くなりました。そして、やがて口を大きく開けたままになったのです。

イピットは言いました。幼児の身体の中が熱くなりすぎてしまっている。もうどうしてやることもできない。そう大きな声で、繰《く》り返《かえ》し述べました。

その直後シャーマンのイピットは突然《とつぜん》、儀礼を終了するよう家族に命じました。通常

シャーマンによる儀礼

シャーマンによる儀礼は、夕方に始まり翌朝から昼まで行われます。儀礼を途中《とちゅう》で止めるのは異例のことです。

午前0時半すぎに、ドンドンドンと銅《ど》鑼《ら》が激しく打ち鳴らされました。それは、カリス川流域の人々に、人が死にかけていることを知らせる合図です。アニャンと彼の家族は、銅鑼が叩かれ始めると、しくしくとすすりあげるように泣きました。そしてその泣き声はいつのまにか、号泣《ごうきゅう》に変わりました。暫くして幼児の手足の動きはほぼ静止し、目は静かに閉じられました。

しかし幼児の生命力は、その夜まだ途《と》絶《だ》えることはなかったようです。夜が明けると、幼児は発熱していたのですが、まだ生きていました。アニャンは、今度は、子どもを医者に見せるために、船で下流の町に運んでいくことを決断したようでした。町に幼児を運んだその日は、幼児の容体について何ら情報は届けられませんでした。

幼児の葬儀《そうぎ》

翌朝のことです。目が覚めて私が表の扉《とびら》を開けると、「人が死んだ」と、道行く二人連れの子どもがヒソヒソと囁《ささや》きあっている声が聞こえてきました。私はアニャンの子がとうとう死んだことを知ったのです。

幼児の遺体は、朝早くにすでに家に戻って来ているようでした。駆けつけると、アニャンの家の前には、すでに人だかりができていました。家の中に上がると、小さな遺体には、生前着せられたこともなかったような、町で買ったばかりの、まばゆい濃《こ》い緑色の洋服が着せられていました。

遺体の前で、アニャンが座って、一人でしくしくと泣いていました。まもなく葬儀の準備が始められ、通夜《つや》と葬儀にやって来る人たちの腹を満たすために殺される飼い豚《ぶた》が、けたたましい悲鳴とともに、家の中に担《かつ》ぎ入れられました。

その夜は、家族と近親者が死者の前に一晩中座って、通夜を行いました。そして夜が明けると、用意された小さな棺《ひつぎ》の中に幼児の遺体が納められたのです。棺を前に、年寄りの女性が、死者の霊魂《れいこん》を死の世界に案内するための葬歌《そうか》を唱えました。

その後、小さな棺は二人の男性によって階段から地面に降ろされ、土の上に一旦《いったん》置かれて別れを惜《お》しんだ後に、棺は男たちに担がれて下流の墓地へと出発しました。

家の中では、出棺《しゅっかん》後にも儀礼が行われます。女たちは、豚肉、ご飯、その他のおかずを少量ずつ植物の葉っぱの上に載《の》せながら、死者があの世で暮らす場所を設けるために唱えられる葬歌を歌いました。

葬歌を唱える女性

呪詛《じゅそ》

ちょうどその時です。死んだ幼児の母親ガラは彼女の姉と連れ立って、家の裏の出口の階段を通って、地面に降りたのです。そしてその場でガラは、森に向かって、今こしらえたばかりの、植物の葉の上の食べ物を投げ散らしながら、「呪詛」を唱えました。

この呪詛を理解するには、「カタベアアン」として知られる、カリスのある民俗《みんぞく》的知識のことを知っておく必要があります。カリスの人たちは、肉であれご飯であれ、あるいはコーヒーであれヤシ酒であれ、出された食べ物や飲み物を摂《と》らないままその場を立ち去ったり、それらをそのまま放置したり、あるいは摂らないことに対して適切な処置をしなかったら、「カタベアアン」になると考えています。「カタベアアン」とは、一種の「儀礼的な危険状態」のことです。

「カタベアアン」になると、病気になったり、怪我をしたり、時には、死に見舞《みま》われるのです。逆に、「カタベアアン」にならないためには、ひとかけらでもひとすすりでもいいので、その場を立ち去る前に食べ物や飲み物を摂取《せっしゅ》するか、あるいは食べ物や飲み物にそっと右手で触《ふ》れて、「私を解き放っておくれ」と囁かなければならないとされます。

　子どもの葬儀の終了時に唱えられたガラによる呪詛は、この「カタベアアン」の知識を基礎《きそ》に組み立てられたものでした。ガラは、森に向かって、食べ物を投げ与《あた》えながら、幼児を死に追《お》い詰《つ》めた何らかの存在に対して、以下のように呪詛を唱えたのです。

食べ物を私は撒き散らしている
あなたを「カタベアアン」にするために
我が子を殺した何ものかよ
我が子がたんなる「病気」であったとしても
あなたを「カタベアアン」にする
もしあなたが「精霊」であったならば、
豚、鹿《しか》、他の動物になって、我々の前に現れておくれ
もし呪術《じゅじゅつ》にかかったのだとすれば、
連れていかれてしまったのだ
我が子を病気にしたものはすべて
「カタベアアン」になるように
そしてあなたは我々によって殺戮《さつりく》され、切られ、突《つ》かれる
我が子のように、災いに見舞われる

我が子を殺した「呪術師」
「精霊」ならば、それも病気になる

この唱えごとをした段階で、ガラには、我が子を死に追いやった何らかの存在が、「呪術師」である人間なのか、「精霊」であるのかについて、はっきりとイメージできていなかったようです。ガラに付《つ》き添《そ》った彼女の姉が、「おお妹よ、それは『精霊』ですよ」と述べて、精霊こそが幼児を死に追いやった張本人だと主張したのです。おそらく、イピットというシャーマンが述べた、「回虫と毛虫の夫婦の精霊」が幼児の急病に関わっているという言葉が頭の中に残っていたのでしょう。それに応じて、ガラは以下のように唱えました。

我が子のように「カタベアアン」になれ
病気になれ、我が子のように死ね
「精霊」であれば我々の前に独りで現れよ

ガラは、「我が子を殺した何ものか」が、今自分が投げ与えている食べ物をそのままに放置するか、もしくは食べに来たとしても、食べないことに対して適切な処置を怠《おこた》ってしまうことを想定しながら、この呪詛を唱えたのでした。精霊であれば、自分たちの前に動物になって現れよとも言っています。この呪詛では、「カタベアアン」になった精霊が、自分たち家族の前に動物の姿となって現れて、人間の手で殺害されることを祈念したのです。

この呪詛からは、我が子の仇《かたき》を何とかして討《う》ちたいという母親ガラの思いを感じとることができるように思えます。それが、死んだ幼児の母親の強い願いであったのです。子を亡《な》くした母親による強い無念が、この呪詛を可能にしたのです。

猫殺しと夢見

それから二日が経《た》ちました。その日私は、「先日呪詛された精霊が虎《とら》になってアニャンの前に現れて、殺された」という噂《うわさ》を耳にしました。その翌日に「喪《も》明《あ》けの儀礼」が行われることになっていたので、テープレコーダーを持参してアニャンの家に出かけ、その話を聞きました。以下が、アニャンが語ったことです。

（葬儀の夜に）家族みんなで食事をしていると（外の物干し場を）誰かが歩いているような音がしました……家の裏側で物音がして見に行きましたが、何もいません……暫くして何度目かに物音がした時、私は左手にランプを、右手に（漁獲《ぎょかく》用の）銛《もり》を取りました。なかなか眠《ねむ》ることはできませんでした。眠ってしまったら、それを殺せないと分かっていましたから。そして、また物干し場で物音がしたのです。その時、何かがちらっと見えました。私はそれに向かって言ったのです。

「あなたが精霊だろうと私は殺しますよ。もしあなたが動物に姿を変えても。あなたは過ちを犯したので。我が子を殺したので。あなたがはっきりと見えるよう願います。我が子には何の非もないのだ！」と。

　その直後に戸外でゴトッという音がしました。扉をそっと開けた時、それはまさに飛ぶところでした。私が（銛で）突《つ》き刺《さ》すと、見事に命中しました。その時、動物はため息をついたのです。私は（それを処理するために梯子《はしご》から）降りませんでした。

　私は、「あなたが動物に変身したので殺したのです」と言いました。

アニャンは、葬儀の行われた夜に、戸外で何やら音がするのに気づいたのです。そしてその物音の主《ぬし》を幼児の生命を奪《うば》った精霊であると見立てました。アニャンは、「それ」を殺害したのです。

このネコ科の動物の殺害が事実であったことは、その遺骸《いがい》を処理したアニャンの義兄《ぎけい》が証明してくれました。アニャンの義兄はその遺骸を、飼い猫が死んだ時と同じように、家のすぐ裏を流れる川に捨てに行ったのです。野良《のら》猫が、葬儀で出た食べ物の残りをあさっていただけだったのかもしれません。

しかし猫殺しは、ガラによる呪詛に結びつけられて解釈《かいしゃく》されたのです。「それ」は、呪詛の結果家族の前に現れた、幼児の死に責任のある精霊の化身《けしん》であると考えられました。

続けてアニャンは、彼が猫を殺害した夜に見た夢について語ってくれました。

(夢の中で)私は、真夜中に、蚊帳《かや》を吊《つ》るために紐《ひも》の具合を直していました。松明《たいまつ》をつけたのですが、最初は何も見えませんでした。しかしそこには「シンドゥル山の虎」が来て、座っていたのです。それは、「私は大きな過ちを犯したので、あなたに

殺されたのです。それが過ちでなければ、私を殺すことはできなかったはずです」と
言ったのです。

アニャンの夢に現れたシンドゥル山の虎は、過って幼児を殺してしまったのだと言うのです。そして自分はその当然の報《むく》いとして殺されなければならなかったと語って、アニャンの猫殺しの正当性を認めたのです。シンドゥル山の虎は、銛で突かれて殺された猫それ自身であると解釈されたことは言うまでもありません。

人々の物語と後日談

今となっては、呪詛と猫殺しと夢見が、アニャンとその家族によって互《たが》いに分かちがたく結び合わされたのです。それらを関係づける中心に、アニャンの夢の中に現れて謝罪したシンドゥル山の虎がいたのです。そして、シンドゥル山の虎という霊的存在こそが、幼児に病をもたらし、死を招いた張本人であるということが、死者を送り出した遺族の間では、動かしがたいひとつの現実として経験されるようになったのです。

死んだ幼児の母親ガラが呪詛を唱えた段階では全く予想していなかったのですが、シ

ンドゥル山の虎という霊的存在が、過って、アニャンの幼児を死に追いやったというひとつの事実が浮かび上がったのです。幼児の死は、シンドゥル山の虎の過失致死《かしっちし》なのです。それゆえに、シンドゥル山の虎は、その報いを受けて、立派に討たれて死んだのです。

ところで、この話には後日談があります。アニャンに猫殺しと夢見の話を聞いてから数日後のことです。隣村《となりむら》に出かけて立ち寄った家で、アニャンの子どもの死にまつわるヒソヒソ話を耳にしました。

そのヒソヒソ話は、アニャンの妻であるガラと日頃行動をよくともにするある女性がしていたものです。彼女の話は、幼児の死の数日前の夕刻、畑から帰る途中、幼児は抱きかかえられたガラの腕《うで》から何かの拍子《ひょうし》に滑《すべ》り落ちて、頭部を地面に強打したと言うのです。頭を地面に叩きつけられて、暫くの間泣き止むことがなかったと言います。

彼女は、話の最後に、「おそらく頭の打ち所が悪かったんだろう」と言いました。アニャンの幼児は、母親ガラの過失によって地面に頭を打ちつけて、脳に何らかの異常をきたして亡くなったのではないかと推論したのです。私が目撃《もくげき》した、身体を小刻みに揺らし、不自然に手足をばたばたと動かし、目をぐるぐると回転させた後に、口を大きく開けたままになった幼児の異様な様子は、脳に異常をきたしたせいだったのかもしれません。

　しかしこの隣村の女性の語りによって、アニャンの幼児の病から死に至る物語に、終わりが告げられたわけではありません。つまり、この女性の語りは、アニャンらによるシンドゥル山の虎による災いの説明を、けっして無効にするようなものではありません。幼児の死因に対する新たなる解釈がもうひとつ付け加えられたのだと見ることもできるのかもしれません。

　この話がヒソヒソと語られたのは、語りの内容が、ガラの母親としての過失を追及《ついきゅう》することになるかもしれないからだと思われます。ガラがこの話を聞き知るに及《およ》び、彼女がそのような事実を否認した上で、噂を流した張本人を探り当てて前言を撤回《てっかい》するように迫れば、二者間の社会的な緊張《きんちょう》関係にまで発展する可能性がありました。実際には、そうはならなかったのですが。

　幼児が急病で死んだこと自体は事実です。そこに、呪詛や猫殺しや、夢の中の虎による謝罪などの怪異がまとわりついています。カリスは、日常に充《み》ちる数々の怪異を、ひとつの筋の通ったまとまりとして理解しようとしたのではないでしょうか？　これは、幼い子どもの死というとても受け入れがたい事実を、なんとかして納得しようと努めるカリスの人たちが紡《つむ》ぎ出した解釈の物語でもあるのです。

column

マレーシア・サラワク州ジュラロン川流域のプナンを訪ねた時のことです。私は密林《みつりん》の中を一人で、すでに3時間歩き続けていました。だんだんと力が出なくなり、物事が考えられなくなりました。小川を見つけて飛び込み、体と頭を冷やしました。ひとつだけはっきりと分かったのは、「道に迷った」ということでした。その場に座り込み、今夜はビバークかもしれない、蛇《へび》や虫がいて、雨降る密林で一晩しのげるだろうかと考えました。電灯もライターもありません。道に迷って自らを見失うオースターの物語や、決して元の場所に辿《たど》り着けないカルペンティエルの話が頭をよぎりました。ふと、操作法の分からない借り物のＧＰＳがあったことを思い出しました。いろんなボタンを押すと、現在地が特定できました。飛び起き、崖《がけ》を駆け上ると、出発地点まで７００メートルという表示。その時、人の声がしたのです。私がウーイと叫ぶと、応答がありました。密林をともに歩いていた少年が、父と犬を連れて捜《そう》索《さく》に来てくれたのです。一目散にその方向に駆け下りた時、力が全身から抜《ぬ》けました。

奥野克巳（おくの・かつみ）

著作に、『はじめての人類学』（講談社現代新書、２０２３）、『ありがとうもごめんなさいもいらない森の民と暮らして人類学者が考えたこと』（新潮文庫、２０２３）、『人類学者Ｋ』（亜紀書房、２０２３）、『これからの時代を生き抜くための文化人類学入門』（辰巳出版、２０２２）、『一億年の森の思考法』（教育評論社、２０２２）、『絡まり合う生命』（亜紀書房、２０２１）など。訳書に、ティム・インゴルド著『応答、しつづけよ。』（亜紀書房、２０２３）など。

8 鬼《おに》のいる世界

川口幸大（東北大学大学院文学研究科教授）

死という怪異《かいい》

死が不思議でした。世の中には分からないことがたくさんありますが、最も分からないことの一つが死であるのは間違《まちが》いないでしょう。怪異、つまりありえない不思議なことも、その出所や行き着く先は結局のところ死ではないでしょうか。なんと言っても、いま生きている人は誰《だれ》も死んだことがないですし、死んだ人が生きている人に自分の死の経験を伝えることはできないのですから。死についての本当のところは誰にも分からないのです。

死んだらどうなるのでしょうか。肉体は今の日本であればほとんど火葬《かそう》されて骨になるのは分かるとしても、意識のようなものはどうなるのでしょうか。自分というものは完全になくなってしまうのでしょうか。なくなったら、その後のずっと長い時間、なくなったままなのでしょうか。いずれなくなるのなら、そもそも自分はどこから来て、なぜここにいるのでしょうか。幼稚《ようち》園《えん》の椅子《いす》に座りながらそんなことを考えていたら、そのあまりに途方《とほう》もない分からなさが怖《おそ》ろしくなって、くらくらとめまいのような感覚に襲《おそ》われたことを覚えています。

　夜の闇《やみ》の中で昼間よりももっと不安が増してきた私は、ふとんの中で寝《ね》る前に来る日も来る日もお祈《いの》りをしていました。私の家は特定の宗教を熱心に信仰《しんこう》していることはありませんでしたが、祖母の家の仏壇《ぶつだん》には曾祖父母《そうそふぼ》の遺影《いえい》が飾《かざ》ってありましたので、会ったこともないその人たちにひたすら祈っていました。今日学校で嫌《いや》なことを言ってしまった○○さんが傷ついていませんように、父親が実は借金をしていて怖《こわ》い人たちが家に来ませんように、世界で殺し合いが終わりますように……。身近で具体的なことから地球規模の大きなことまで様々でしたが、すべてが最終的には死に結びついているでしょう。それほど死は私の関心の中心にあり、片時も私を捉《とら》えて離《はな》しませんでした。

　それから40年以上がたった今も、死んだ後の自分の存在や時間の流れについて考えるとやはりくらくらしてくるのですが、子どものころと決定的に違《ちが》うことがあります。それは、おおよそ世界中の思想や宗教は死について考えることから始まったといっても過言ではないほど、こうしたことは人類の誕生以来、多くの人が不安に思い関心を持ち様々な解釈《かいしゃく》をしてきたということを今の私は知っているところです。大学時代から学ぶようになった文化人類学で、死者への儀《ぎ》礼《れい》や祖《そ》先祭祀《せんさいし》や宗教活動について研究してきたことも、みなこういうことにこだわりを持ち、実に様々な考え方や、やり方によって死に向き合ってきたことを身をもって知るに至った大きな要因でした。いやむしろ、私の関心を死が占《し》めていたから、専攻《せんこう》や研究テーマを決めるときには全く自覚はしていなかったのですが、そうした研究に取り組むことにしたのでしょう。そう、私は今から20年あまり前に中国南部の農村に住んで、死についての研究にとりかかったのです。

死への恐《おそ》れ

実際に調査を始めてみて知るようになったのは、中国の人々にとっても死というものが私と同じように、いや、私などよりもはるかに大きく強い意味を持っているということでした。それは思想と感覚の深いところからくる恐れ、慄《おのの》き、忌避《きひ》とも言い表せるでしょう。ある日、村の知り合いのおじさんと歩いていると、彼《かれ》は急に足を止め、「ああ、ちょっとここで待とう」と私に言いました。前方の少し離れたところで、十人余りの人がマイクロバスの方に集まっているようでした。初めは何か分からなかったのですが、これは死者を入れた棺桶《かんおけ》をバスに乗せ、火葬場まで運ぶところでした。「ああ、縁起《えんぎ》が悪い」と彼は、本当に心底、嫌なものに出くわして落胆《らくたん》したような、かつそれが大きすぎたがゆえの反動でもあるかのような苦笑いを浮《う》かべた表情をしていました。ふとあたりを見ると、葬列《そうれつ》の関係者と私たちの他に付近には誰もおらず、いつもは開け放たれている家々の窓も固く閉じられていることにも気がつきました。そういえば、通りがかりに家の壁《かべ》に貼《は》り紙がしてあるのを見たことがあり、それが何かをたずねたときも、言いにくそうな、歯切れの悪い調子で、「ああ、これは〝白事〟があって（「不幸があって」というようなニュアンス）、これからの日程などを示しているんだよ」と答えてくれましたが、あまり詳《くわ》しくは語りたくなさそうでした。後で、風水師の仕事もしていてこうした方面に非常に詳しい別の老人に聞くと、葬儀の次第や死者との巡り合わせの悪い生まれ年などが記されていて、それに該当《がいとう》する人はとりわけ忌避を要するし、葬列が進む経路は各村で厳格に決められていて、できるだけ人々の居住区は避《さ》けられるとのことでした（風水とは、地形や方角によってその場所の気の流れの良しあしを判断する術《すべ》であり、知らない人にはやはりたいへん不思議な営為《えいい》で、これだけでも延々と語るに値するテーマです）。すなわち、ひとことで言うと、人々は死と死者を避けることに万全の注意を払《はら》っているのです。物理的な接近にとどまらず、言葉の上でも死という直接的な表現はもちろん、死を連想させる語彙《ごい》も強く忌避されます。例えば棺桶に使う木は「寿木《サウモック》」、死装束《しにしょうぞく》を「寿衣《サウイー》」と言い、死と対極の縁起の良い「寿」という字をあえて当てさえします。

私はこれらに驚《おどろ》きつつ、私が子どものころの1970年代後半には日本の都市近郊《きんこう》の住宅地でも自宅で葬儀を行うことが少なからずあり、大人たちが重苦しい雰囲気《ふんいき》を醸《かも》し出していたことを思い出しました。当時は今よりもまだ死はずっと身近にあったのでしょう。それが、死は病院で迎《むか》え葬儀は専用の施設《しせつ》で行うようになって、死は身内以外の目には触《ふ》れないように隠《かく》されて久しくなっています。一方で、私が調査をしていたころの中国では、死はふとしたことで触《ふ》れかねないほどごく身近にあり、ゆえに人々は入念に死を避けようとしていたのです。

祖先になること

しかしながら、いくら避けようとしたところで、死は必ず誰にも訪れます。それを何とか回避しようとして不老不死が探求されたり、あるいは少しでも先延ばしにしようと健康への様々な配慮《はいりょ》が実践《じっせん》されたりしており、これにも大いに不思議で興味深い点も多いのですが、また別の話です。そう、誰もが死ぬ。では死ぬとどうなるのでしょうか。思えば私が不安になったのは、日本では死んだあとはどうなるのかということについて真面目に考え語る機会がないばかりか、明確なイメージも定着しておらず、天国、地獄《じごく》、来世のように特定の宗教の断片的な解釈と科学的認識とがない交ぜになった語られ方をしていることにも要因があったのかもしれません。その点で、私には中国における死者の扱《あつか》い方が極《きわ》めて明瞭《めいりょう》なものに思えました。

多くの人の家に死者の位牌《いはい》が置かれており、また村の丘《おか》には死者が埋葬《まいそう》された墓があります。人々は特定の日にこうした位牌や墓の死者、すなわち祖先への祭祀を行います。いや、祭祀を行われる死者が祖先であると言った方が正確でしょう。村の人たちは、自分たちの4代前くらいまでの祖先から、村を開いたとされるはるか昔の11世紀あたりに生きた祖先、さらにその祖先が彼らの村に来る前に暮らしていた村を開いた5世紀の祖先の祭祀も行います。今生きている人たちは村の開祖から数えると27代目前後、その前の村の開祖から数えると六十数代目ですから、本当に気の遠くなるような時代からの連続性の中に存在している彼らを前にして、私はまたくらくらとしそうになりました。しかし同時に、それだけ長い間続いているという圧倒的《あっとうてき》な「事実」は、今後も続いていくのだろうという将来を確実に予想させます。そして自分がその連続性の一つのピースであり、死後はそこに位置づけられるだけで、それ以上でも以下でもないのだと分かれば、幼き日の私も死へのめまいを起こさなくてすんだのかもしれません。

　ただし、ここで重要な点を見過ごすわけにはいきません。すなわち、自分もその連鎖《れんさ》の中に位置づけられるためには、子を残し、祭祀をしてもらわなければならないということです。いや、自分だけではなく、その子もまた子を残し、そしてその子もまた……というように連鎖を途切《とぎ》れさせないことが不可欠で、もしどこかでそれが止まってしまえば、自分はもとより、そのはるか前から続いてきた、そしてその後も続くはずだった祖先への祭祀の連鎖が途切れてしまうことになります。祖先は祭祀されることで祖先たり得てきたわけですから、祭祀されることがなくなってしまえば、その祖先たちは祖先でなくなってしまいます。では、どうなってしまうのでしょうか。いやそもそも、死に至った時点で祭祀してくれる者がいない者は一度たりとも祖先ではないわけです。では、その死者はどういった存在なのでしょうか。

鬼になること

誰からも祭祀をしてもらうことのない死者は「鬼《グヴァイ》」になります。そもそも「鬼」という漢字は死後の人の頭をかたどった文字で、また「人死すれば鬼となる」と言われ、日本でも「鬼籍《きせき》に入る」という言葉があるように、死んだ人は広く鬼と形容されるのですが、より狭義《きょうぎ》には、特にネガティブな面が表れた死者を鬼という認識が定着しています。鬼は誰からも祭祀してもらえないので、寂《さび》しく孤独《こどく》です。対照的に、祖先は子孫たちから豚肉《ぶたにく》、ご飯、饅頭《まんじゅう》、酒などの供物《くもつ》を捧《ささ》げてもらえますが、鬼は誰からも供え物などされませんから、腹を空かせてあたりをさまよっています。よって、「孤魂野鬼《グウワンイエグヴァイ》」、すなわち「孤独な魂《たましい》、野外をさまよう鬼」と総称《そうしょう》されることがあります。また、出先で亡《な》くなって、故郷や家に戻《もど》れない死者の魂も鬼となってあたりをさまよっていると考えられます。ですから、人は自宅での死を強く望み、仮に入院していても、病状が絶望的だと分かると、自宅に戻って死を待ちます。卒業研究をする大学生の目から親戚《しんせき》の葬式を描《えが》いた台湾《たいわん》映画『父の初七日』（２００９年）では、実際には亡くなっているにもかかわらず、さもまだ生きているかのように救急車で死者が自宅に運ばれる様子が描かれています（ただし、救急車のサイレンは、本当の緊急《きんきゅう》時とは区別される仕組みになっています）。このように、鬼になる経緯《けいい》は様々あるのですが、いずれのケースにせよ、鬼もまたあけっぴろげに口には上らず、地域によっては「好兄弟（好ましい兄弟、仲間）」など、響《ひび》きの良い言葉で表現されることもあります。鬼もまた死と同様に、恐れられ忌避される存在なのです。

鬼に見る日本と中国

ここまで読んでこられた皆《みな》さんは、中国の鬼が日本の鬼とずいぶん違うという印象をお持ちになったのではないでしょうか。日本の鬼は、「鬼」という中国から伝わった同じ漢字を使っていますが、「オニ」という「隠《おん》」に由来する訓読音が使われていることからも分かるように、より日本の地の要素が強く、よく分からないものを指したとされています。すなわちこの本の主題である怪異ですね。よって日本の鬼については、人からかなりかけ離れた異形の図像が古くから描かれ、今日最も定着しているのは角《つの》があり虎皮《とらがわ》の腰巻《こしまき》を身に着けている姿でしょう。これは鬼の出るところとされている「鬼門《きもん》」が「牛」と「寅《とら》」（虎）の方角にあることで、牛の角と虎の皮が連想されたことによります。

この日本の鬼はとにかく恐ろしい存在として、なまはげなどの伝統行事から、地獄で鬼が人間を苦しめる様子を描いた絵本、携帯《けいたい》用アプリの「鬼から電話」に至るまで、時代によって生身の存在、出版物、電子メディアと媒体《ばいたい》を変えながらも、一貫《いっかん》して悪いことをしてはいけない、親や大人の言うことを聞かないといけないという道徳観念を子どもに教《おし》え込《こ》むために用いられます。また、『桃太郎《ももたろう》』では鬼は正義のヒーローたちに倒《たお》される悪役《ヒール》ですし、実は心優しい鬼たちが人間と仲良くなろうとする顚末《てんまつ》を描いた『泣いた赤鬼』も、鬼が人間に恐れられているという前提には変わりありません。そうした鬼たちはいずれも、私たち人間とは姿かたちやメンタリティ、住む場所さえも完全にかけ離れた、人間にとってひたすら恐ろしい怪物《かいぶつ》のような存在であって、人間との連続性の上に見られることはないでしょう。これを逆から見れば、漫画《まんが》・アニメ『鬼滅《きめつ》の刃《やいば》』

が多くの人の心をとらえた要因の一つは、すべての鬼がかつては人間であり、様々な理由で鬼に身をやつして人間を食わざるを得なくなってしまったという設定と、それに至る経緯が丹念《たんねん》に描写《びょうしゃ》されていたことだと言えるでしょう。そして興味深いことに、この「鬼はかつてはみな人間であり、人間の連続性の上にある」という『鬼滅の刃』の鬼概《がい》念《ねん》こそ、中国における鬼の認識と一致《いっち》するのです。

中国の鬼

人間とはかなりかけ離れた日本の鬼とは対照的に、中国の鬼は人間、より正確に言えば死んだ人間です。先に述べた通り、人は死ねば鬼になるのですが、子孫たちが定期的に位牌や墓の前に集まり供物や線香《せんこう》を捧げてくれるというポジティブな状態が保たれていれば祖先になり、逆に、誰からも祀《まつ》ってもらえなかったり、異常な死に方をしたりして強い恨《うら》みを抱《いだ》きながらひもじい思いで孤独にさまよっているというネガティブな要素によって規定された死者が鬼となります。ただし、日本とは対照的に、いずれもが死んだ人間であり、その状況《じょうきょう》の違いによって祖先にも鬼にもなるという状況依存的《いぞんてき》な存在である点が特徴的《とくちょうてき》です。その意味で中国の鬼は、日本でいう幽霊《ゆうれい》や亡霊《ぼうれい》に近いと言えるでしょう。中国で「鬼故事」と言えば、日本の怪談のような、幽霊・亡霊による怖い話を指すことからもこれは明らかです。

そして、中国の鬼は、現代日本の鬼が儀礼や子どものしつけなどの特別な機会にしか登場しないのとは対照的に、ごくごく身辺にいるかもしれず、生きている者に災禍《さいか》をもたらしうる存在です。それは不運や事故や心身の不調など、突《つ》き詰《つ》めれば死につながりうるという意味で、鬼は強く死を連想させ、それゆえに死と同じく、強く恐れられて忌避されなければなりません。例えば、中国では新年や新しい店の開店の際に爆竹《ばくちく》を鳴らすのですが、これはおめでたいことを祝っているかのようで、実は爆竹の火花と轟音《ごうおん》によって邪気《じゃき》、つまり悪いものや悪い邪気を払うという意図があり、その代表格には当然のごとく鬼が含《ふく》まれます。さらに、祖先の墓で供物を捧げて線香をあげた後にも爆竹を鳴らしますが、やはりこれも供物を狙《ねら》ってやってくる鬼を退け、祖先の墓の周りに漂《ただよ》う悪いものを払うためなのです。

鬼への施《ほどこ》しの儀礼

そしてたいへん興味深いことに、鬼を遠ざけるのではなく、いわばメインの対象として儀礼を行う日があります。それは旧暦《きゅうれき》の7月14日もしくは15日で、各地で呼び名はいくつかありますが、私が調査を行っていた広東《カントン》省の沿岸部では特に「盂蘭節《ユゥランジッ》」や「鬼節《グヴァイジッ》」と言い、7月全体を「鬼月」ということもあります。この盂蘭節あるいは鬼節は日本でいうお盆《ぼん》に相当し、日本では新暦を採用していますから8月15日あたりとなっていて、さらに主たる対象は祖先としているという違いはありますが、この中国の節《せち》日《にち》と元を同じくしていることに変わりはありません。盂蘭節の由来については仏教と道教にそれぞれの言い方があり、さらに両者はかなり混淆《こんこう》しあっていますから、ここではひとまず、特にこの日に死者が生者の領域に現れるとされているとしておきます。

この盂蘭節には、食べ物のほか、紙で作ったお金や衣服など、とにかく様々なものを大量に燃やして死者に捧げるので、「焼衣《シゥイー》」をする、とも言われ、事前からかなりの準備を要します。興味深いのは、この日はメインの対象ではありませんが、死者として祭祀される祖先と、盂蘭節のいわば主役である鬼とは、そうした祭祀用品や供物の種類から提供のされ方に至るまで、明確に区別されているということです。

まず、死者に捧げる衣服です。祖先のための衣服は淡《あわ》い花のような柄《がら》やチェックの模様が入っていますし、上着には襟《えり》もついていて、本当の服らしい形をしていますが、一方、鬼のための衣服は紫《むらさき》や緑の紙をただ切《き》り抜《ぬ》いただけのもので、柄や模様や襟などはなく、いかにも粗雑《そざつ》な印象を与《あた》えます。供物として捧げる食べ物も完全に異なっています。祖先には豚やアヒルあるいはガチョウの肉を焼いたもの、碗《わん》に入れた白米、それに酒を入れた杯《さかずき》と箸《はし》を盆の上に置いて用意します。そしていよいよ実際に儀礼の際には、家の中の祭壇に祀られた位牌の前にこれらの供物を捧げ、紙で作ったお金と衣服をドラム缶《かん》に入れて燃やします。煙《けむり》が部屋に充満《じゅうまん》しますが、まずは祖先に対して祭祀を行うことが重要なのです。

　これらが一通り済むと、次に鬼への儀礼に移ります。今度は家の玄関《げんかん》から屋外に出て、そこで紙のお金と衣服を燃やします。鬼は家の外を徘徊《はいかい》しているからです。絶対に家の中に入れてはいけない存在であるということがはっきり分かります。

　次いで供物の食品としては、白米と豆腐《とうふ》とクッキー、果物等、肉を含まない、いかにも簡単なものが用意され、しかも祖先とは違って箸や酒は用意しません。それらをどうやって鬼に捧げるのかというと、地面にまくのです。白米も豆腐もクッキーも果物も、すべてためらうことなく、家の前の路上に落とすようにまいていきます。捧げているというよりは、施してやっているという感じが露骨《ろこつ》なまでに伝わってきます。儀礼が一通

祖先のための衣服（左）と鬼のための衣服（右）

屋外で鬼への祭祀を行っているところ

鬼への食べ物を地面にまく

り終わると、紙のお金が燃えた後の灰と、その上にまかれた食べ物が残ります。村中みながほぼ同じ時間にこの儀礼を行うので、夕方には路地のあちこちに灰と食べ物が散乱しています。

　こうして鬼への儀礼は終わります。いつもは爆竹で追い払われ寂しく徘徊する鬼に対して、この日だけは施しがなされるのです。しかし、わざわざ屋外に出て紙のお金と衣服を燃やし、箸も飲み物もあてがわずに簡素な食べ物を地面にまくという、あらゆる点で祖先と明確に隔《へだ》てた一連の所作からは、鬼がいかに哀《あわ》れな存在であるかが強く印象づけられます。

鬼でもありうる私たちのために

かくも哀れな鬼。祀ってくれる者がおらずにあたりをさまよい、爆竹で払われ、年に一度の主役として祭祀の対象とされる日にも、祖先とははっきりと差別化されて施しを受けるだけ。それは私たちと同じ人間の末路なのですから、自分がそうなることを考えたら恐ろしくもなるでしょう。閻魔《えんま》様に舌を抜かれ、鬼に苦しみを与えられるという日本の死後の地獄イメージも恐ろしいですが、どこかファンタジーじみていますし、何よりもそうした身体的な痛みよりも、孤独で尊厳が得られないことの方がはるかに恐ろしいかもしれません。対照的に祖先は、子孫たちに祀られ、供物を捧げられ、一族の長い流れの中に位置づけられて顕彰《けんしょう》されるのですから、なんと尊厳に満ちた死後を享受《きょうじゅ》していることでしょう。こう考えてくると、死への強い恐れは、鬼になってしまうことへの恐れによるところが大きいともいえるように思えます。

鬼にならないこと、それはすなわち子孫に祭祀してもらえる祖先になることですから、中国では結婚《けっこん》して子を残すことのプレッシャーは今日の日本と同等、いえ、はるかに強く、にもかかわらず皮肉なことに、これも日本と同じく、未婚化《みこんか》や少子化も進行しています。中国の漢民族の社会では強い父系原理が働いていて、冒頭《ぼうとう》で挙げたように、祖先祭祀の正式な担《にな》い手は男子ですが、性別にはこだわらないという人や、施設の永代供養を利用する人も増えています。ただし、それらは裏を返せば、結婚し、子、特に男子をもうけ、死後は祭祀をしてもらうというライフコースがいかに強く定着しているかを物語ってもいるでしょう。こうした「かくあるべし」という縛《しば》りの強さが、ますます若い人たちを恋愛《れんあい》や結婚、出産から遠ざけることになっているようです。

ところで、中国の村では、身寄りなく亡くなった人たちを葬《ほうむ》り祀った義塚《ぎちょう》、義祠《ぎし》という施設もありました。また、未婚の女性たちが共同生活を送っていることがあり、彼女たちは「自梳女《ジィソゥノイ》」（自分で髪をすく女）と呼ばれていました。これらもやはり規定された家族概念やライフコースの強固さを示してもいるのですが、生と死について社会全体で向き合い、様々な生き方を展望する端緒《たんしょ》になるかもしれません。死という怪異の探求は、私たち一人一人の善き生の模索《もさく》にもつながっているようです。

column

本編で取り上げた盂蘭節の鬼への儀礼は、実は各家だけでなく、村全体のためにも行われていました。年配の女性たちが、死者が徘徊しやすいとされる廟《びょう》、すなわち神様を祀った施設の周辺や、外部者が入ってくる村の入り口や、村と村の境界で、同じように、紙で作ったお金と衣類を燃やし、供物の食べ物を地面にまいていたのです。村というコミュニティ全体にも鬼からの災禍が及ばないように、鬼に施しをしていたというわけです。ところがここ最近は、政府からのお達しで、この村での儀礼は行われなくなりました。理由は、「環保」、すなわち環境保全《かんきょうほぜん》です。多量の紙の祭祀用具を燃やしてCO_2が排出《はいしゅつ》されるのはよろしくない、とのことなのです。そもそもこうした儀礼は「迷信」であるから好ましくないとの批判はあったのですが、迷信と伝統文化との線引きは難しく、しかし環境保全ならばより説得力があるということなのでしょう。確かに環境破壊《はかい》は恐ろしい。けれど鬼も恐ろしい。比べられるものではないでしょうが、死が不安で毎晩お祈りをしていた子どものころの私には、鬼の方が怖かったことは間違いありません。

川口幸大（かわぐち・ゆきひろ）

専門は文化人類学。これまでは主に中国を中心とする東アジアの家族・親族、宗教、移動についての研究を行ってきた。最近は食の研究にも取り組んでおり、「料理テキストに見る日本の中華料理の受容と展開」（2021）、「規範なき模範——「町中華」に見る日本的中華料理店の展開」（2023）を論文として刊行した他、『世界の中華料理——World Chinese Dishesの民族誌』が近刊予定。

9 映像によって怪異《かいい》な他者と世界を共有する方法
——ジャン・ルーシュの民族誌映画が啓《ひら》く新しい道

イリナ・グリゴレ（弘前大学地域社会研究科客員研究員）

はじめに——映像とは怪異なもの！

今を生きる私たちの世界は映像で溢《あふ》れています。映画、テレビ、有料コンテンツのように、大勢のプロフェッショナルが集まりチームを作って制作する大掛《おおが》かりなものから、遠く離《はな》れた国の普《ふ》通《つう》の若者が自作の踊《おど》り、ごはん、暮らしを投稿《とうこう》するソーシャルメディアの動画まで、世界のどこにいても膨大《ぼうだい》な量の映像を見ることができます。そして、それらの映像を見て深い衝撃《しょうげき》を受けることもあれば、自分自身が変わることもあります。映像に出ていた子が着ていた服装を真似《まね》したくなったり、使っていた化粧品《けしょうひん》を買いたくなったり、食べていたものを食べたくなります。このように、映像は知らない世界が目の前に広げて見せてくれるものです。

　でも、インターネットに流れている映像はすべて綺麗《きれい》なものだとは限りません。暴力的で人間の尊厳に関わるものも溢れています。誰《だれ》でも、いつでも、どこでも撮《と》れるからこそ、生じる現実ですね。戦争で揺《ゆ》れている地域や大規模災害の映像からは、世界が激しくて冷たいところに見えます。逆に、観光客が載《の》せる風光明媚《ふうこうめいび》な自然や街並みの映像を見ると、世界はかくも美しく情緒《じょうちょ》溢れるところだと思いを深くします。そのどちらも合成などではないホンモノの映像だとすれば、この矛盾《むじゅん》をどう受け止めればよいでしょうか。その答えはきっと人によって違《ちが》うでしょうが、もしその中から未来の人に向けて残したい映像を一つだけ選ぶとしたらそれはどんな内容か、この文章を読んでいるあなたにちょっと想像してほしいと思います。

　その映像は自分の生まれ育った場所のものでしょうか。家族や友達は登場しますか。好きな食べ物、ペット、おすすめの本、音楽など、日常のどのあたりを未来に残し、あなたのことを何も知らない他者に伝えたいですか。また、生活の記録だとしたら、どこまで自分に正直になれますか。他人がその映像を見たらどこまであなたを理解ができると思いますか。こうしてみると、私たちは自分が日ごろ見ているソーシャルメディアなどの映像をどこまできちんと理解できているのか意外とあやふやなことがわかります。私たちが見るのは他者の姿であって、仮に同じ場所と時間を共にしたことがあったとしても、その他者のすべてが理解できているとは限りません。とくにソーシャルメディアでは投稿者は自分が見せたいものしか見せず、実際日常を都合よく切り取って編集したリアリティショーのような映像に人気が集まっていますよね。

　ではなぜ、人は他の人の人生、暮らし、生きざまに興味を持ち、その一コマを映した映像を見たがるのでしょう。一つは好奇《こうき》心《しん》から面白いものを求めて見るのでしょう。そして笑って楽しみます。もう一つは映像には怪異なものが含《ふく》まれるからです。ということで、この章で扱《あつか》う「怪異なもの」についてここで説明しておきます。日本語の「怪異」は、「怪」いわゆる、怪《あや》しい、疑いがあることと、「異」つまり異なる、違う、変わった何かを意味する漢字が組み合わさった言葉ですね。しかし、著者自身はむしろ「異」に親しみがあるのです。まず、著者は違う国（ルーマニア）で生まれ育ち、異国としての日本で暮らしているので、自分の中は「異」で染まっているといえます。人種（肌《はだ》の色、髪《かみ》の色、眼《め》の色）も、言葉も違っているわけですが、人類学という学問はこの「違い」について知るために成立したといえるので、その意味で言えば著者にとって怪異という言葉はごく当たり前な「状態」なのです。

「怪異な」という形容詞は英語ではmysteriousと訳せますが、ミステリーには神秘という意味が含まれています。古くはフランス語のmystérieux、もっと探ると古代ギリシャのmustḗrionに語源をさかのぼることができますが、元来は秘密とか秘儀《ひぎ》を指します。古代ギリシャ語の動詞としては、開始するという意味で使われ、何かの結社などでイニシエーション（通過儀礼）などを経ての加入を指していました。もう一つの英語はstrangeです。こちらはラテン語の「外にあるもの」に由来します。つまり、怪異は神秘的なもの、秘密なもの、開始するもの、受け入れられるものでありながら、それと同時に外にあって受け入れ難《がた》いものだというわけです。そして、私が考えるに、この「怪異」の定義こそは映像の定義にも通じるのです。

映像を共につくること

人間の暮らしを調べる学問の一つに人類学があります。人の考えや生き方を理解するにはそれぞれが生きている環境《かんきょう》の多様性を理解する必要がありますが、そもそも人間とはどんな生き物なのでしょう。人間以外の生き物を含めた大自然をどういう立場から考えるべきなのでしょうか。学問分野、専攻《せんこう》によって見方が違います。社会的、文化的な面から人間を研究するのは文化人類学という学問です。最近では人間を中心としない「マルチスピーシーズ」の角度から見える世界も対象に含まれます。例えば、人間と周りの植物、動物の関係について考察して、地球温暖化などによる自然災害の危機について人間が地球に与《あた》える影響《えいきょう》を大きなテーマにしています。

人類の歴史の中で、人間は他の人間を支配し、植民地での搾取《さくしゅ》が行われ、昔からその地域に暮らしている人々のところに新しい病気をもたらし、差別し、ある人種は他の人種より優《すぐ》れているという考え方さえありましたが、人類学者はそのような考えが間違いであることを証明してきました。それでもなお、今でもそのような考え方を持つ人がいます。例えば、教育を受けていない人を無知だとして、見下したりすることが今でも普《ふ》通《つう》にあります。先進国出身ではない人々や、今もなおジャングルや裸足《はだし》で暮らしている人々も差別が起こりやすいです。同じ社会で生活していても、地方出身であったり、複雑な家庭環境であったり、障害者であったり、社会的弱者は差別にあう確率が高いです。つまり、同じ社会でも怪しげで異端《いたん》な「怪異」として見られる人々がいることに対して、人類学という学問が身近な他者への理解を深める働きをします。

学問という言葉を聞くと文字中心のイメージが強いのですが、映像を中心に研究する人類学者もいます。実は人類学は映像との深いつながりを持っています。映画だけでなく、写真、視覚表現、パフォーマンス、芸術、博物館、ＡＩ、バーチャルリアリティなどは研究対象の範囲《はんい》内です。インスタレーションとかパフォーマンスを制作することもあります。踊りや儀礼のような複雑な動きを伴《ともな》う行いを観察するとき、撮影《さつえい》された資料は効力を発揮します。また、「民族誌映像」と呼ばれる映像があります。民族誌映像は、異なる民族や社会の人などと一定期間日常生活を共に過ごしながらお互《たが》いの理解を深め、その人たちの生活を映像に収めます。民族誌映像とドキュメンタリー映画の一番の違いは、民族誌映像の場合は最初からカメラを回さずに、まずは慎重《しんちょう》に現地の関係性をつくってから撮影をするという点です。なぜならば、民族誌映像は「異文化／他者」という、私たちとはまるで異なる生きざまについて映像にするため、まずは互いについて十分に理解できていないとうまく撮影が進まないからです。

フランスのジャン・ルーシュは、民族誌映画――彼《かれ》は自分の制作した映像をつねに「映画《シネマ》」と呼んでいました――の開拓者《かいたくしゃ》の一人で、天才的なひらめきに満ちた人物でした。彼の映像は他者が持つ圧倒的《あっとうてき》な存在感によってまさに怪異（mystery）そのものといえます。ルーシュは主にアフリカで仕事をし、とくにニジェールのソンガイで調査をしました。憑依《ひょうい》などの宗教儀礼の様子を映画に撮ったものが代表的で、アフリカだけではなくフランスでも撮影を行い、当時の新しい映画のジャンルである「シネマ・ヴェリテ」によって制作しました。ルーシュは映画の撮影と編集の過程で生じる「調査する側」と「調査される側」との上下の力関係を徹底的《てっていてき》に破《は》壊《かい》し、地元の人々の意見を取りいれながら一緒《いっしょ》に映画を作ります。彼はそれを映像にされる人の尊厳を守るための第一歩と考えていました。なぜかというと、彼の撮った映画のイメージが独り歩きして、せっかくの映像が悪い意味で怪異でエキゾチックな人々の姿を映したものとならないようにしたかったからです。

ルーシュが映像を撮り始めた頃《ころ》は16ミリのフィルム用のカメラしかなく、録音もできない時代だったため、フィールドのリアリティを映し出すために大変な苦労をしました。その試行錯誤《しこうさくご》の中で、彼にしかできないようなオリジナルな映像の撮り方を編み出しました。音とイメージが同時に収録できないことを逆手《さかて》にとって、ナレーションを映像に登場する人々自身に任せるという実験をしました。ルーシュが撮った彼らの映像をまず初めに彼らに見せて、それぞれのシーンについてもらったコメントをそっくりそのまま映像のナレーションにしたのです（『ジャガー』１９６７）。なぜこんなことをしたのかという理由は、ルーシュ自身が『The Camera and Man』（カメラと人間）という、人間にとって民族誌映像とはどんな影響をもたらすのか考察した著作で語っています。詳細《しょうさい》はここでは省きますが、一言でいえばそれはルーシュが感じている人類学という学問の責任であり、同時に他者への愛です。

　ジャン・ルーシュはもっとも影響を受けた映像作家として、映画監督《かんとく》のジガ・ヴェルトフと地理学者のロバート・フラハティの二人の名前を挙げています。「民族誌映像」というジャンルが誕生するはるか以前、フラハティは１９２０年代に『極北のナヌーク』という映画を撮影しました。この映画は、一人のエスキモーとその家族の日常を撮影したもので、実際にはかなりの「やらせ」があったこともわかっていますが、いまだに高い評価を受けています。それは、まだ映画というテクノロジーが生み出されて日が浅い時代に、主人公ナヌークと彼の家族のイメージが、西洋が見た初めての異文化他者のイメージとなったからでした。この映画はナヌークたちの暮らしを傍観者《ぼうかんしゃ》的に眺《なが》めているのではなく、彼の案内で一緒に極北の日常生活に参加する体験を疑似化したような映像になっています。

著者が大学の授業で学生にこの映画を見せてコメントを求めたところ、ルーシュが指《し》摘《てき》したのと同じような反応が聞かれました。ナヌークは知らない遠い国のアザラシを狩《か》りする得体のしれない「未開人」ではなく、人間らしさ、笑顔《えがお》、身振《みぶ》りなど、隣《となり》の人と全く変わらないように感じられ、身近な人間として映ったというのです。フラハティによる映像の効果について、ルーシュは答えを探そうとしただけではなく、自分の映画で同じことを目指しています。フラハティはナ

『極北のナヌーク』映画公開時のポスター

ヌークに映像を見せて、彼のフィードバックを受けながら映画を完成させました。つまり、ナヌークとフラハティは共に映画をつくったといえます。そして、ジャン・ルーシュはフラハティのやり方を撮影あるいは調査をする側とされる側の境界線を乗《の》り越《こ》えながら真実と知恵《ちえ》への中心にたどり着く方法として位置づけ、これを「共有する人類学」と名付けました。

ジャン・ルーシュが『Sigui』（1969）という映画を撮ったとき、それをまず対象とした村で上映して被写体《ひしゃたい》の村人たちからの反応を見てみました。そうしたら彼らは映画を大変気に入って、もっとつくってほしいと言ったそうです。このような交流は研究者と研究対象の人々の間の関係性を深めて、彼らの尊厳を守ることができるとルーシュは述べています。つまり、民族誌映像は人を虫のように科学的に観察するのではなく、そのような見方をとることができれば、ここにおいてフィールドの「怪異」は自《おの》ずと「神秘的なもの」に変化します。

ジャン・ルーシュは夢を見る人類学者でした。彼は映像の可能性に学問の未来を懸《か》けていて、差別を解消し他者への見方を変える力を映像に求めました。そして、人類の未来をも変えることができるのではないかという願いもありました。彼にとって、現在誰もが使っているスマートフォンなどは夢のようなことかもしれません。どこにでも持ち歩くことができ、モノクロではなくフルカラーで、すぐ編集できるようなデバイスがあればその場で再生して上映ができ、撮られた人々のフィードバックももらえます。そして、フィールドで撮られる現地の人々の側も自分で映像を撮ることができ、観察される側は観察する側となり、記録することができます。現地の人々は自分自身の肉声を届けられるだけでなく、自分自身で調査し、映像を撮ることができる――このようなことで映像による支配がなくなるかもしれません。今ではアメリカ先住民の若手詩人がツイッターで自分の作品を配信し、ナヌークの遠い親戚《しんせき》であるかもしれないカナダの先住民の若い男性がインスタグラムで自分の先祖代々から受けついだ踊りを配信しています。そのようなことが今の世界では可能なのです。世界の格差や差別を怪異（mysterious）な映像で埋《う》めることのできる日はそう遠くはないかもしれませんね。

憑依とマイグレーションにおける距離《きょり》感《かん》

さて、ジャン・ルーシュの映画を怪異と呼べる理由についてみてみましょう。これは実際に映画を観《み》ないとわからないかもしれませんが、ここで二つの映像を紹介《しょうかい》します。

一つ目は『狂《くる》った主人たち』（１９５５）です。この映画のテーマは憑依についてです。憑依は「トランス」ともいい宗教人類学の一大テーマでもありますが、人間はどうやってこの憑依の状態に入り、よく言われているように神のような超自然的存在とじかにコミュニケーションできるのかは文章による民族誌だとわかりにくいところもあります。あるいは、カメラで撮ることができたとしても、実際に経験しないとわからないこともあります。そこでルーシュはソンガイの宗教と儀礼を対象とした映画を撮影しました。

映像を撮る者も、つまり撮影を行う調査者もまた、憑依など儀礼の中に存在することがあるわけです。彼がそこにいることによって儀礼も彼自身も変わります。お互いを無視することができないからです。映像を撮るという行動とトランス状態に入ることとは同じことだとルーシュは考えていました。この出来事について、彼は映画トランス（ciné-transe）と呼んでいます。憑依の映像を撮る研究者も憑依状態となりますが、撮られる人々とは性質の異なる憑依です。撮影のためにカメラを構え自由に人々の間を動くことで、踊りのように感じます。その場にいる人々と同じぐらい生き生きと行動しながら、その先に何が起こるのか予測もできない状態で撮るので、目の前にいる人々の動きとシンクロし、撮る人も自分自身ではなくなっていくのです。撮影者はカメラの一部となり、現地の人と共に憑依に加わります。

ここで注目したいのは距離感です。彼は人々の間から踊るようにカメラを構え、目眩《めまい》のような状態と一体感で彼らの世界を受け止め、世界の人々、未来の人に向けて真実を伝えようと集中します。そして、映っている人にその映像を見せ、フィードバックをもらって外の世界に公開します。映画をよく見てみると、ルーシュが撮った映像はカメラと人との距離がとても近いです。このような距離の取り方は誰にでもできることではなく、長い年月をフィールドで過ごして関係性をつくった上で初めてできることです。この距離感によって怪異なものだとは思わせません。他者を近くで見て、その声が聞こえてきます。

耳から入る情報として、音楽も重要な役割を果たします。しかし、民族誌映画は他の映画——ドキュメンタリー、テレビドラマも含みます——と違って、効果音楽のようなものを別途《べっと》つくって挿入《そうにゅう》することは基本的にありません。それが現地の人々の尊厳に関わる問題だからです。彼らの真実に肉薄《にくはく》するために、挿入するのであれば現地の音楽とし、ドラマチックな効果に溺《おぼ》れることなく映像を制作することが求められます。民族誌映像の個性はその先にあるものなのです。

あるとき、ジャン・ルーシュはニジェールのカバ狩《が》りを撮った映像に、彼がその映像に合うと思った素敵《すてき》な笛の音楽を合わせたところ、その狩りに参加していた狩人《かりゅうど》から「音楽を消せ」と怒《おこ》られたそうです。狩りをする際にいっさい何の音も聞こえないから、というのが狩人の理屈《りくつ》です。このように、映像に音楽を入れると体験のニュアンスが違ってしまい、その体験を実際に知っている人々にとってはかえって見苦しくなることがあるのです。この出来事以来、ジャン・ルーシュは音楽の使い方に敏感《びんかん》になりました。彼らは野蛮《やばん》でも、未開でも、エキゾチックな人々たちでもなく優秀《ゆうしゅう》な人々であると映像を通して伝えたいルーシュにとって、音楽を付け加えることは映像の障害にしかならないというわけです。

さて、『狂った主人たち』の話に戻《もど》ります。この映画では貧しい移民によって週末に行われるハウカという儀礼が描《えが》かれています。ルーシュは、ハウカの準備、踊り、終《しゅう》了《りょう》後の日常を映していきます。イギリスの植民地支配を受けていたニジェールの人々が宗教運動として行っていたハウカは、イギリス本国から派遣《はけん》されてきた植民地の行政官に取り憑《つ》かれることを装った擬態《ぎたい》と踊りで構成された儀式でした。ハウカは単なる民間治療《ちりょう》の儀礼としてだけではなく、宗主国イギリスに抵抗《ていこう》する手段というもう一つの顔を持っていました。軍人などの真似《まね》をすることによって彼らの力を盗《ぬす》み、自分のものにすることができると信じられていたのです。実際に、この映画が発表されたとき体制側からの強い批判を受け上映禁止の扱いすら受けました。改めて見てみると、犬を殺して食べる凶暴《きょうぼう》な場面と、儀礼が終わって日常に戻った参加者の穏《おだ》やかな顔の対比から、つくづく人間とはどのような生物なのかを考えさせられます。ジャン・ルーシュの映像は、この暴力が現代文明の反映に他ならないと強調します。それは、激しく踊る支配されたニジェールの苦しみとそのやり場のない気持ちに近づくための映画であって、怪異（strange：理解し難い他者）から怪異（mystery：神秘的）への逆転をもたらす不思議な効果に注意してみると興味深いです。

二つ目の映画、『ジャガー』では、都会に出稼《でかせ》ぎに行く3人連れの道行《みちゆき》を映像に収めています。3人の男性は、撮影後に自分たちが映った場面を見ながらコメントし、ルーシュはそれを映画のナレーションの一部として使っています。この映画はどこかうさん臭《くさ》くて怪しげな3人組として彼らを映しているのですが、映画が進行するにつれて、次第に労働とは何か、植民地とはなんだったのか、都会の暮らしの現実、成功とは何か、そもそも人間とは何か、といった深い問いについて、他人事《ひとごと》ではないと考えさせられるシーンで溢れています。彼らと見ている人の間の距離が近いだけではなく、彼ら自身が出会う人々と物事との距離が縮んで、最後に見ている人も共に旅をした感覚を覚えます。

おわりに

ジャン・ルーシュの2本の映画を観ると、「怪異」という概念《がいねん》が距離や距離感とどこか深く結びついていると考えることができます。怪異だと受け止められるものからは、ある状態から違う状態までの距離感を知ることができます。人と人、あるいは人と他の生き物との間の距離感を縮めるため共につくる、共有するという行為が必要です。そして、未知の世界について知らないことだらけの恐怖《きょうふ》ではなく、怪異な（mysterious）他者と学び合い、世界を共有しようとするジャン・ルーシュのような精神はこれからの世界では必要とされます。日本の人類学者でいうと、例えば川瀬《かわせ》慈《いつし》はエチオピアの人々の音楽、踊り、儀礼を神秘的なイメージの中に映像化しています。トランスの儀礼が描かれている『精霊《せいれい》の馬』（2012）と、ストリートに暮らしている子供たちと共につくった『Room11, Ethiopia Hotel』（2007）――どれもインターネット上に公開されています――は、ジャン・ルーシュによる映画と同じ印象を受けます。日本の民族誌映像の現状と未来の話はまた別の機会にしましょう。新しい映像と文章を通して知らない世界への神秘と啓示《けいじ》を求める人類学者の話はまた次回にしましょう。これを読んでいるあなた自身のことになるかもしれないですから。

参考文献
Rouch, Jean (2003) Feld, Steven (Tr. and Ed.), Ciné-Ethnography. Minneapolis: University of Minnesota Press.

column

私はジャン・ルーシュの映画に憧《あこが》れて、自分の生まれ育った環境を離れ、「日本」という見知らぬ場所で人類学を学び、ルーシュと同じように調査をし、映像を撮り始めました。現在のテーマは「身近な他者としての女性」で、地域社会の女性と共に映像を撮って、編集しています。私にとって日本の日常生活は、全て不思議で神秘的な空間であり、怪異（mystery）なもので溢れています。この私が見ている世界の全てをどのように映像にまとめればよいのか悩《なや》みながら、ただ映像ばかりを撮って編集まで至らないことがよくありました。今でも10年間分の編集していないデータが残っています。映像の中に映っている人々のほとんどが亡《な》くなっています。だから、人々の生の一部を預かっている気持ちがあります。人類学者のインゴルドは、データ data がラテン語のダーレ dare「与えること」という言葉からきていると言います。つまり、ギフト、プレゼントのようなものです。研究者にとって、現地の人々と共に生きる怪異な時間はかけがえのない贈《おく》り物《もの》なのです。

イリナ・グリゴレ（Irina Grigore）

１９８４年、ルーマニア生まれ。２００９年に国費留学生として来日し、２０１３年に東京大学大学院博士課程に入学。主な研究テーマは北東北の獅子舞、女性の身体、移民に関する映像人類学的研究。また２０２３年からバヌアツで女性に関するフィールドワークを開始している。著作に『優しい地獄』（亜紀書房、２０２２）。

おわりに

世界をぐるぐるめぐって、怪異《かいい》に触《ふ》れてみる旅は、いかがだったでしょうか？

世界の怪異と言うと、本書でも述べたのですが、私は、1990年代の半ばに住《す》み込《こ》んだボルネオ島の焼畑民カリスの村での体験を思い出します。1週間ぶっ続けで毎晩カリスの神話を聞き終えた夜に、見知らぬ女性に殺されるというおぞましい夢を見たことがあります。その夢見のことを話すと、カリスの人々は、その女性は、神話の中の登場人物である祖先（の霊《れい》）の化身《けしん》だと言いました。カリスの解釈《かいしゃく》では、彼女《かのじょ》は、神話の中で勝手に語られたことに怒《おこ》って、私の夢の中に、命を奪《うば》い取るぞと警告するために現れたのです。私はその後、祖霊《それい》の魂《たましい》を鎮《しず》める儀礼《ぎれい》の主催者《しゅさいしゃ》になりました。

アラスカのクルアネの人々によれば、野生動物はたまに自らの身体《からだ》を人間に捧《ささ》げにやって来ます。クルアネの調査研究をした文化人類学者ポール・ナダスディは、野ウサギが実際に彼《かれ》に身を捧げるためにやって来たという不思議な経験をしたと語っています。レーン・ウィラースレフという文化人類学者は、自らも狩猟者《しゅりょうしゃ》として加わったシベリアのユカギールクロテンの罠猟《わなりょう》で、オオカミのような血に飢《う》えた捕食者《ほしょくしゃ》になってしまう寸前まで身体が変容してしまったことがあったと報告しています。

　このように、自らの怪異体験を語った文化人類学者は、私や彼ら以外にもこれまでにもたくさんいます。でも、文化人類学者たちが自ら調査研究してきた土地で出会った怪異現象や怪異体験だけを集めた本は、意外にもこれまではなかったようです。本書で見てきたように、一言で怪異と言っても、それは、その土地の呪術信仰《じゅじゅつしんこう》のあり方や、精霊や悪魔《あくま》や魔女《まじょ》などに対する考えの違《ちが》いによって、とても多様なのです。

　最後に本書が、みなさんの怪異現象への好奇心《こうきしん》を刺激《しげき》し、怪異について考えてみる手がかりとなればと願っています。

奥野克巳

14歳の世渡り術

世界ぐるぐる怪異紀行

どうして“わからないもの”はこわいの？

2024年3月20日　初版印刷
2024年3月30日　初版発行

監　修　奥野克巳

著　者　奥野克巳　川口幸大　イリナ・グリゴレ　近藤宏　平野智佳子
　　　　福井栄二郎　藤原潤子　古川不可知　村津蘭

カバー、本文イラスト　いとう瞳
ブックデザイン　高木善彦（SLOW-LIGHT）

発行者　小野寺優
発行所　株式会社河出書房新社
　　　　〒151-0051　東京都渋谷区千駄ヶ谷2-32-2
　　　　電話　（03）3404-1201（営業）／（03）3404-8611（編集）
　　　　https://www.kawade.co.jp/

印　刷　TOPPAN株式会社
製　本　加藤製本株式会社

Printed in Japan
ISBN978-4-309-61762-6

知ることは、生き延びること。

14歳の世渡り術

WORLDLY WISDOM FOR 14 YEARS OLD

未来が見えない今だから、「考える力」を鍛えたい。
行く手をてらす書き下ろしシリーズです。

学校では教わらない学び方

はじめて読む！ 海外文学ブックガイド

人気翻訳家が勧める、世界が広がる48冊

越前敏弥／金原瑞人／三辺律子 他

《NHK基礎英語2》のテキスト連載「あなたに捧げるとっておき海外文学ガイド」を書籍化。英語圏に加え、12名の各国語の翻訳家による推薦書を新規収録。新しい世界を覗いてみない？

英語、苦手かも…？ と思ったときに読む本

デイビッド・セイン

「間違いを恐れない」「“お勉強”はNG」「まずは〈読む〉から始めよう」……学校では教えてくれない、現場で役立つ英語との付き合い方を、一緒に身につけよう。きっと意識が変わるはず！

タガヤセ！日本「農水省の白石さん」が農業の魅力教えます

白石優生

農業ってこんなに面白い！　若き官僚YouTuberとして多くのメディアにも登場する著者が、最新の農業から、実はスゴい日本の農作物のこと、さらには日本の農業の未来までを語る。

（萌えすぎて）絶対忘れない！ 妄想古文

三宅香帆

名作古典はカップリングだらけ!?　伊勢物語から古今和歌集まで、古文を「カップリング≒関係性の解釈」で妄想しながら読み解く本。「萌えポイント」さえ掴めば楽しく学べて、忘れない！

みんなに話したくなる感染症のはなし

14歳からのウイルス・細菌・免疫入門

仲野徹

感染症にかかると身体はどうなる？ ウイルス、細菌、免疫、ワクチン……病気とその治療のしくみを、大人気・病理学者が、中学高校で習う知識を使ってわかりやすく解説！　読めば絶対賢くなれます！

夏目漱石、読んじゃえば？

奥泉光

漱石って文豪と言われているけど面白いの？ どう読めばいいの？ そもそも小説の面白さって何？ 奥泉光が全く新しい読み方、伝授します。香日ゆらによる漱石案内漫画付き。

嫌いな教科を好きになる方法、教えてください！

河出書房新社 編

国語・数学・社会・理科・英語・実技――苦手科目を楽しく学ぶコツ、集めました！　各科目の魅力や向き合い方を、学者、研究者、教師、アーティスト、YouTuberなど24人が語ります。

10代からのプログラミング教室

できる！ わかる！ うごく！

矢沢久雄

プログラミングができると、どんないいことがあるの？ どうやればできるようになるの？ 苦手意識があっても大丈夫。ものを作れる楽しさを実感しながら、自分で身につける技術を伝授！

気持ちをかえる、未来を考える

ひとりあそびの教科書
宇野常寛

たくさん「ひとりあそび」の方法を知ってから大人になる人こそが、世界を面白くできる——他人の見方や他人からの評価などを気にせず、純粋に、自分が触れたものに喜びを感じる方法を学ぶ。

「死にたい」「消えたい」と思ったことがあるあなたへ
河出書房新社 編

つらい、死にたい、もう消えてしまいたい……。そんな気持ちを持つあなたへ、作家、YouTuber、アーティスト、精神科医など、各界の25名が様々な言葉を届けます。

栗山魂
栗山英樹

最強にして最高のチーム・北海道日本ハムファイターズ監督の自叙伝。苦悩の連続を経て日本一の監督になるまで。夢は見るものではなくつかみとるもの。夢を叶えて熱く生きたいすべての人へ。

いつかすべてが君の力になる
梶裕貴

『進撃の巨人』エレン・イェーガー役など数々の話題作で主役を務める実力派声優が、下積み時代の苦悩から「声優」という仕事への思いまでを語る。夢に向かう全ての人にエールを送る！

昆虫たちの世渡り術
海野和男

奴隷をこき使うサムライアリ、子育てはアリ任せのシジミチョウ、求愛にプレゼントは欠かさないオドリバエ……生態系の下位にいる昆虫たちが、熾烈な世界で生き抜くユニークな生存戦略を伝授！

生き抜くためのごはんの作り方
悩みに効く16人のレシピ

河出書房新社 編

第一線で活躍する料理研究家たちが、中学生が生き抜くためのとっておきのレシピをエッセイとともに紹介。さまざまな悩みを解決するための糸口を見つけるキッカケにぜひ。

私の職場はサバンナです!
太田ゆか

大好きな動物を守りたい——南アフリカ政府公認・唯一の日本人女性サファリガイドが伝えたい知られざるサバンナの動物たちの生態、環境保護の最前線、人と自然が共生するために大切なこと。

生きのびるための「失敗」入門
雨宮処凜

失敗ばかりでも弱いままでも生きてます——作家、ロボット研究者、探検家、臨床心理士、オタク女子、元ひきこもり、元野宿のおじさんたちなどに聞く、「失敗」や「弱さ」と生きていくためのヒント。

「心」のお仕事
今日も誰かのそばに立つ24人の物語

河出書房新社 編

精神科医、カウンセラー、臨床心理士から科学者まで、「心」の不思議に魅せられて、あるいは必要に駆られ誰かのために、今日も奮闘する24人がその面白さと苦労、今にいたる道のりを綴る。

大丈夫！ キミならできる！
松岡修造の熱血応援メッセージ

松岡修造

「ポジティブ勘違い、バンザイ！」「『ビリ』はトップだ！」「カメ、ナイストライ！」。勝負を挑むときや何かに躓いたとき……人生の岐路に立ったとき勇気が湧く、松岡修造の応援メッセージ！